필사와 해설로 만나는 시와 사유의 세계

손끝으로 읽는 영시

김연규 · 김향일 지음

신아사

손끝으로 읽는 영시

서문

디지털 화면 속에서 하루를 시작해 화면 속에서 하루를 마치는 시대입니다. 눈앞에는 끝없이 쏟아지는 뉴스와 영상 그리고 짧은 글들이 있지만 그 속에서 나 자신에게 귀 기울이고 삶을 깊이 바라보는 시간은 점점 줄어들고 있습니다.

시를 읽고 쓰는 일은 그 시간을 되찾는 가장 단순하면서도 강력한 방법이 될 수 있습니다.
시를 읽을 때 우리는 한 행 한 행을 따라가며 언어의 숨결을 느끼고 시 속 세계에 발을 들여놓습니다. 그 시를 손끝으로 옮겨 쓰는 순간 단어와 의미는 머리에서만 맴도는 것이 아니라 몸으로, 감각으로, 마음속 깊이 스며듭니다.

《손끝으로 읽는 영시》는 그런 믿음에서 시작되었습니다.
이 책은 영어 시집을 넘어, 시를 손끝으로 느끼고 언어의 숨결을 따라가는 체험의 공간입니다.
영시 원문과 우리말 번역 시를 나란히 싣고, 시인의 삶과 작품에 얽힌 짧은 이야기를 곁들였습니다. 독자는 먼저 시를 읽고, 영문과 우리말 버전을 모두 손으로 필사하며, 그 시가 태어난 배경과 시인의 목소리를 이해하려 노력하게 됩니다.

그 여정 속에서 우리는 다양한 주제와 시선을 만납니다.
상상력, 꿈과 희망, 사랑과 공감, 인간과 자연, 공동체와 자아 성찰에 이르기까지, 시 한 편 한 편은 세상을 바라보는 또 하나의 창을 열어 줍니다.
그들의 목소리를 따라가다 보면, 우리 자신과 세계를 새롭게 이해하고 질문하는 기회를 얻게 됩니다.

이 과정은 느리고 조용하며 사색적일 것입니다. 바로 이 느림이 오늘날 우리에게 필요한 '깊이 있는 시간'을 선물해 줄 것입니다.

이 책을 덮는 순간 우리는 단순히 시를 읽은 사람이 아니라 시와 대화를 나눈 사람이 되어 있을 겁니다. 그리고 이렇게 자문하게 될 것입니다.
'나는 어떤 시선으로 세상을 바라보고 어떤 선택으로 내 삶을 만들어 갈 것인가?'
이 책이 그 질문을 시작하는 작은 불씨가 되길 바랍니다.

2025년 11월 25일
김연규 · 김향일

목차

상상력

Imagination is the beginning of creation.
You imagine what you desire, you will what you imagine
and at last you create what you will.
상상력은 창조의 시작이다.
당신은 상상하고, 의지를 발휘해서 마침내 그것을 창조한다.
- 조지 버나드 쇼 -

Imagination George Bernard Shaw

I used to play at Pirates,
And sailed the seven seas.
Then I was a cowboy,
These simple things did me please.

I had a vivid imagination,
Adventure was always on my mind.
I discovered the joys of reading,
And escaped the daily grind.

Once I lived with the Eskimos,
In the land of ice and snow,
Went hunting and a fishing,
My fantasy was all aglow.

I read a book of Jules Verne,*
And went off to the moon,
It was just to take a look,
Then it was time to return.

I spent time in the forests of Africa,
With Dr. Livingstone** as my guide,
Then off again to America,
With Huckleberry Finn*** I did hide.

* 쥘 가브리엘 베른(Jules Gabriel Verne, 1828-1905)은 프랑스의 소설가이자 시인으로, 『80일간의 세계 일주』(*Around the World in Eighty Days*), 『지구 속 여행』(*Journey to the Center of the Earth*), 『해저 2만 리』(*Twenty Thousand Leagues Under the Sea*) 등의 과학 소설로 널리 알려져 있다. ** 데이비드 리빙스턴(Dr. David Livingstone, 1813-1873)은 스코틀랜드 출신의 의사이자 기독교 선교사이며 아프리카 전역을 누빈 탐험가이다. *** 허클베리 핀은 미국 작가 마크 트웨인(Mark Twain)의 소설 『허클베리 핀의 모험』(*Adventures of Huckleberry Finn*)의 주인공이다.

In my world of fantasy and imagination,
I performed such wonderful deeds.
A Hero of all the Nations,
I was the one that did succeed.

Then I grew up my childish world at an end.
I had become serious it nearly drove me around the bend.
I still do like the mysterious,
This is the message I am trying to send.

상상력 조지 버나드 쇼

나는 해적 놀이를 했었지
일곱 바다를 항해했지
그다음 나는 목동이었지
이처럼 단순한 일들이 나를 즐겁게 했네

나의 상상력은 생생했고
내 마음은 언제나 모험 중이었지
나는 책 속에서 즐거움을 발견했고
일상의 괴로움에서 탈출했다네

한때 나는 에스키모와 함께 살았지
얼음과 눈의 땅에서
사냥을 하고 낚시를 했지
나의 판타지는 찬란히 빛났네

나는 질 베른의 책을 읽고
달에도 갔었지
그저 보기만 했는데
돌아올 시간이 되었다네

나는 아프리카 숲에도 머물렀지
리빙스턴 박사가 안내해주었지
그리곤 다시 아메리카로 가서
허클베리 핀과 함께 숨었다네

판타지와 상상력의 세계에서
나는 그런 엄청난 일을 해치웠지
나는 온 세계의 영웅
성공한 영웅이었다네

그리고 어린 시절이 끝나고 나는 철이 들었네
진지해졌고, 그것이 나를 벼랑 끝으로 밀었지
그래도 나는 아직 신비로운 것을 좋아하네
이것이 내가 말하고 싶은 전부라네

작가 이야기: 희곡으로 세상을 비추고, 삶을 사유한 작가, 조지 버나드 쇼

조지 버나드 쇼(George Bernard Shaw, 1856-1950)는 아일랜드 수도 더블린에서 출생한 후 1876년에 영국으로 이주한다. 소설을 주로 독학하며 습작 시기를 보내지만, 그를 성공한 작가로 만들어 준 것은 1892년 35세 무렵에 시작한 드라마이다. 이때부터 약 50년간 영국 현대 연극은 버나드 쇼로부터 시작되었다는 말이 있을 만큼, 그는 영국 연극계에서 중요한 인물로 자리매김한다.

버나드 쇼의 사상적 토대는 점진적 사회주의이다. 점진적 사회주의란 자본주의가 오랜 세월에 걸쳐 제도·관습·법률·태도를 통해 성숙해 왔듯이, 새로운 사회주의 문명 또한 한순간의 혁명이 아니라 장기간에 걸친 정신적·문화적 변화 속에서 점진적으로 이루어진다는 관념이다. 버나드 쇼는 이러한 신념이 매우 확고했기에, 1884년 이 사상을 반영한 그룹인 페이비언 협회(Fabian Society) 설립을 주도한다. 이후 점진적, 평화적 사회주의 사상인 페이비어니즘(Fabianism)과 노동조합 중심의 사회주의 운동인 신디칼리즘(Syndicalism)이 영국 사회주의 사상의 양대 주류를 형성한다. 당시 마르크스(Karl Marx)는 1849년 프로이센 정부의 탄압을 피해 영국으로 망명한 뒤, 사망할 때까지 약 30년간 런던에 거주한다. 그럼에도 마르크스의 과학적 사회주의는 영국에 뿌리지 내리지 못한다. 그 대신에 영국적 사고방식과 중도적 개혁정신이 반영된 페이비언 사회주의가 크게 확산되었는데, 이는 버나드 쇼의 공이 매우 컸다고 할 수 있다.

버나드 쇼의 점진적 사회주의가 연극이라는 매체를 통해 구체화되는 데 가장 큰 영향을 준 인물은 입센(Henrik Johan Ibsen)이다. 입센은 현대 사실주의 연극의 위대한 출발점이라고 평가받는 작가이다. 하지만 버나드 쇼가 등장하기 전까지 19세기 영국 연극계에는 입센의 영향을 본격적으로 구현한 이가 없었다. 대체로 연극은 이전 시대의 낡은 낭만주의적 시각이나 도덕적 교훈 전달에 치우쳐 있어서 관객을 매료시키는 힘이 부족했다. 이런 상황에서 버나드 쇼는, 입센과 마찬가지로, 개인의 문제를 사회 구조적 관점에서 예리하게 분석하고 가정적인 문제를 낭만적 시선 없이 객관적으로 해부하기 시작한다. 이것이 영국 연극계에 새로운 활력을 불어넣는다.

버나드 쇼의 대표작 중 하나인 『피그말리온』(*Pygmalion*, 1912)은 그의 점진주의적 사상을 가장 뚜렷하게 드러내는 작품이다. 특히 개인의 삶을 사회적 맥락에서 통찰하면서, 사회의 변화를 위해서는 무엇보다 인간의 정신적 영역에서 혁명이 먼저 이루어져야 한다는 신념을 선명하게 보여준다. 『피그말리온』은 초연 후 영국에서 큰 성공을 거두었고, 이후 이 작품을 바탕으로 한 영화 <마이 페어 레이디>(*My Fair Lady*, 1964)가 공개되면서 국제적인 명성을 얻게 된다. 오드리 헵번(Audrey Hepburn)이 주연을 맡은 이 영화는 헐리우드식 낭만과 해피엔딩으로 많은 사랑을 받았지만, 사실 버나드 쇼는 이런 요소들을 경멸했다.

버나드 쇼의 원작 희곡은 계급 문제를 매우 신랄하게 비판하며, 해피엔딩으로 끝나지도 않는다. 주인공 일라이자(Eliza Doolittle)는 언어 교육을 통해 상류층의 발음을 익히고, 그로 인해 자신을 향한 사회적 대우가 급격히 달라지는 경험을 한다. 버나드 쇼는 사회가 형성한 '계급'이라는 구분이 영어 표준 발음 연습만으로도 무너지는, 견고해보이지만 실상은 허울에 지나지 않는 것이라고 지적한다. 그러한 기준으로 인간을 차별하는 것 또한 극도로 어리석은 일이라고 경고한다. 이는 인간은 노력으로 얼마든지 정신적 영역에서 혁명적인 변화를 이룰 수 있다는 그의 신념이 엿보이는 대목이다. 이외에도 수줍고 얌전한 여성상 대신에 대담하게 자기 인생을 개척해 나가는 여성을 주인공으로 내세운 점이나, 사랑과 결혼에 대한 환상을 깬 것도 이전 시대의 연극과 차별화되는 지점이다.

버나드 쇼의 문명에 대한 낙관적 믿음은 제1차 세계 대전을 지난 후 비관론으로 변한다. 전쟁의 참혹한 양상을 목격하면서 이제껏 가졌던 과학, 문명 그리고 진보에 대한 믿음에 근본적으로 회의가 생긴 것이다. 버나드 쇼의 비관주의가 가장 잘 나타난 작품은 『므두셀라로 돌아가라』(*Back to Methuselah*, 1921)이다. 이로부터 4년이 지난 후 그는 노벨 문학상을 받는다. 오랜 시간 지속해 온 버나드 쇼의 인간과 사회에 대한 문제의식이 보편적으로 인정받게 된 것이다.

버나드 쇼와 관련된 일화 중에 가장 널리 알려진 것은 무용수 던컨(Isadora

Duncan)과의 대화이다. 던컨이 "나의 아름다움과 당신의 머리를 가진 아이를 상상해 보라"고 하자, 쇼는 "나의 아름다움과 당신의 머리를 가진 아이를 상상해 보라"고 되받았다는 이야기다. 이 일화는 여러 버전으로 전해지며, 주인공이 다른 인물로 바뀌는 경우도 많아 실제로 버나드 쇼와 던컨이 당사자였다는 확실한 증거는 없다. 다만 이런 이야기가 전해진다는 것 자체가 버나드 쇼의 유명세를 말해준다.

버나드 쇼는 많은 희곡을 발표하며 영국 현대극 발전에 큰 기여를 하지만, 아쉽게도 시인으로서는 뚜렷한 발자취를 남기지 않았다. 실험적인 시를 쓰거나 시 형식의 발전을 위해 힘쓰지 않았기 때문이다. 그럼에도 타고난 글솜씨와 대상의 본질을 꿰뚫는 통찰력으로 평이하면서도 공감 가는 시를 많이 남겼다.

작품 이야기: Imagination 「상상력」

버나드 쇼의 「상상력」("Imagination")은 7연으로 구성된 정형시이며, 각 연은 4행의 규칙적인 구조를 지닌다. 시의 기본 리듬은 대체로 '약강 3보격'(iambic trimeter)이다.* 이는 약음(강세를 받지 않는 소리) 다음에 강음(강세를 받는 소리)이 오는 리듬 패턴이 한 행에서 세 번 반복되어 '약강·약강·약강'의 리듬을 형성한다는 뜻이다. 예를 들어 제1행 "I **<u>used</u>** to **<u>play</u>** at **<u>pi</u>**rates"를 밑줄로 표시된 부분에 강세를 두어 읽으면 이 리듬이 자연스럽게 드러난다. 다만 제7연의 첫 두 행에서는 '약강'격이 '약약강'격(anapaest)으로 바뀌어 리듬이 느슨해진다. 이로 인해 시의 분위

* 영시에서 음악성을 담보하는 가장 큰 요소는 리듬(rhythm)과 라임(rhyme)이다. 일반적으로 리듬은 시의 음악성 전반을 가리키지만, 좁은 의미에서는 음보(foot)로 이루어진 규칙성을 뜻한다. 음보란 악센트가 있는 강음절(strong syllable)과 악센트가 없는 약음절(weak syllable)이 일정한 패턴으로 배열된 단위를 말한다. 하나의 시행안에는 여러 개의 음보가 규칙적으로 반복되며, 이를 통해 높낮이가 다른 소리가 파도처럼 이어지는 리듬이 만들어진다. 따라서 영시의 형식을 논할 때는 한 행에 몇 개의 음보가 있는지, 강음절과 약음절 중 어느 것이 먼저 오는지를 중요한 분류 기준으로 삼는다. 더 나아가 하나의 강음절에 동반되는 약음절의 개수를 세어 그 조합에 따라 형식별 명칭도 구분한다. 이에 비해 라임은 같은 소리를 반복해서 음악성을 만드는 것이며, 각운(end rhyme)이 가장 널리 쓰이는 방식이다. 리듬과 라임은 정형시에서 특히 중요한 요소이며 이러한 규칙에서 벗어나면 자유시로 분류한다.

기가 갑작스럽게 변하며, 버나드 쇼가 의도한 회환과 아쉬움의 정서를 한층 효과적으로 전달한다. 이처럼 리듬은 시의 음악성을 형성하는 핵심 요소일 뿐 아니라, 시적 의미와 분위기를 강화하는 장치이기도 하다.

제1연부터 제6연까지는 시인이 어린 시절 상상력을 통해 얼마나 다양하고 즐거운 경험을 했는지를 보여준다. 해적 놀이나 서부의 카우보이 놀이처럼 흔한 것도 상상력을 만나면 모험이 된다. 덕분에 시인의 어린 시절은 늘 모험으로 가득했고 그 속에선 불가능한 일이 없었다. 조금 더 자란 뒤, 시인은 책을 읽기 시작하며 이전보다 훨씬 넓은 세계를 상상 속에서 누빈다. 그때에 그는 가보지 못한 세계가 없고, 가지 못할 곳도 없었다. 그는 상상 속에서 온 세상을 정복한 단 하나의 영웅이었다. 시 속에 등장하는 실제 탐험소설과 탐험가들의 이름은 그의 이야기에 사실성을 더한다. 뿐만 아니라 독자들에게 친숙한 공감을 불러 일으키는 효과가 있다.

제7연에 이르러 시의 흐름은 완전히 바뀐다. 성인이 된 시인은 매사에 진지해지고, 그 진지함이 지나쳐 삶이 버거워진다. 그때 시인은 다시 어린 시절의 기억으로 돌아간다. 그리고 자신이 여전히 어린 시절 상상의 세계에서 경험했던 신비로운 것들을 좋아한다는 것을 깨닫는다. 그는 이 시에서 상상력으로 무엇을 하라고 가르치지도, 상상력을 잃었을 때의 상태를 길게 설명하지도 않는다. 그저 '아직 좋아한다'라는 한마디로, 모든 세대에게 상상력이 충만했던 어린 시절에 대한 그리움과 공감을 불러일으킨다.

On Imagination

Phillis Wheatley

Imagination! Who can sing thy force?
Or who describe the swiftness of thy course?
Soaring through air to find the bright abode,
Th' empyreal palace of the thund'ring God,
We on thy pinions can surpass the wind,
And leave the rolling universe behind:
From star to star the mental optics rove,
Measure the skies, and range the realms above.
There in one view we grasp the mighty whole,
Or with new worlds amaze th' unbounded soul.

- thy: 너의 (your의 옛 형태)
- th': the의 축약형
- thund'ring: 천둥치는(=thundering, 리듬을 위해 축약)
- pinions: 새의 날개
- the mental optics: 상상력

상상력에 대해 필리스 휘틀리

상상력이여! 누가 그대의 힘을 노래할 수 있나요?
누군들 그대가 지나는 속도를 묘사할 수 있을까요?
저 찬란한 집을, 천둥 신이 머무는
천상의 궁전을 찾아 하늘로 솟아 오르니
그대의 날개를 탄 우리는 바람을 가르며
요동치는 우주를 뒤로 합니다
별에서 별로 정신의 눈을 두리번거리고
하늘의 넓이를 재고 왕국들을 배회합니다
그곳에서 우리는 한눈에 거대한 전체를 보거나
새로운 세계를 보며 해방된 영혼에 놀랍니다

작가 이야기: 노예 소녀에서 하늘을 나는 시인으로, 필리스 휘틀리

필리스 휘틀리(Phillis Wheatley, 1753?-1784)는 아프리카에서 대략 7-8세 무렵 노예선을 타고 미국 식민지로 끌려왔다고 기록되어 있다. 그녀가 홀로 노예 경매에 나와 팔린 것인지, 아니면 가족과 함께 노예선에 올랐다가 혼자 휘틀리 가문에 팔린 것인지도 불분명하다.

어린 나이에 노예 신분이 된 휘틀리는 당시 노예들에게 일반적이던 비인간적인 대우와 강제 노동을 겪지 않는다. 휘틀리(Wheatley)가문이 그녀를 집안에서 키우면서, 교육의 기회까지 제공했기 때문이다. 덕분에 휘틀리는 라틴어를 배우고 고전을 읽을 정도로 학문적 수준이 높아진다. 여성에게 높은 수준의 지적 교육을 잘 허락하지 않던 시대에, 그것도 흑인 노예 신분으로 이런 교육을 받았다는 점은 매우 이례적이다. 그녀의 지성은 곧 문학적 성취로 이어진다. 그녀는 잠재되어 있던 시적 재능을 발휘하여 개인 시집을 출판하고, 당대 문단으로부터 상당한 호평을 받는다. 흑인 여성 노예가 시인으로 인정받는 일은 당시 사회에서 전례가 없었기에, 그녀의 존재는 더욱 큰 주목을 받는다.

이상에서 알 수 있듯이, 휘틀리의 실존을 규정하는 가장 큰 사실은 그녀가 노예였다는 점이다. 그녀의 재능이 아무리 뛰어나고 시집이 평단의 호평을 받아도, 이 사실은 변하지 않는다. 일부는 휘틀리의 재능이 꽃피도록 교육하고 시집 출판 기회를 마련해 준 휘틀리 가문의 자비를 칭찬한다. 물론 휘틀리 가문이 특별한 보살핌과 기회를 제공한 덕분에 오늘날 시인 휘틀리가 존재한다.

그럼에도 그들의 행위를 순수한 휴머니즘의 발현으로만 보기는 어렵다. 휘틀리는 원래부터 영특해 미국에 도착한 지 얼마 되지 않아 영어를 유창하게 구사했다고 전해진다. 또한 교육수준이 높은 어른도 어렵게 여기는 라틴어 고전을 어린 나이에 능숙하게 읽고, 당시 가장 우월한 문학 장르로 간주되던 시 창작에서도 두각을 나타냈다. 어린 흑인 여성 노예에게서 발견된 이러한 재능은 백인 우월주의가 당연시되던 사회에 신선한 충격이지만, 동시에 진기한 구경거리이기도

했다. 휘틀리 가문과 백인 노예주 사회에서 그녀는 마치 말을 하는 앵무새처럼 호기심의 대상이었을 가능성이 크다.

높은 지성과 예민한 감수성을 지닌 휘틀리는 자신이 처한 예외적 상황의 본질을 날카롭게 인식한다. 자신의 의도와 상관없이 자신을 신분적 차별과 불공정한 질서 속에 던져버린 세계의 비인간성을 절감한 것이다. 평생을 노예 신분으로 살아야 했던 그녀의 시에는, 그러한 속박에서 벗어나 자유로운 삶을 꿈꾸는 상상이 가득 담겨 있다.

오늘날 휘틀리의 시는 흑인 노예가 남긴 노예제 비판 시라는 점에서 매우 드물고 특별한 위치를 차지한다. 비평가들은 특히 그녀가 여성과 노예라는 이중의 소수성을 어떻게 시적으로 구현했는지에 주목한다. 일부는 그녀가 자신의 재능을 다른 모든 흑인 노예들을 위해 사용하지 않았다고 비판하기도 하지만, 더 많은 이들은 그녀의 시에 담긴 상상적 욕망을 정치적 해방에 대한 염원으로 읽어낸다. 이는 시대와 법률에 묶인 노예 신분에서 벗어날 수 없었던 그녀의 처지를 인정하고 깊이 공감하는 해석이다.

비평가들의 열렬한 관심에도 불구하고, 휘틀리의 시는 대중에게는 다소 낯설고 어려운 작품으로 여겨지는 편이다. 무엇보다 그녀가 선택한 시어와 이미지들이 고답적인 것이 큰 요인이다. 그녀의 작품 속에는 종종 호머(Homer)나 버질(Virgil) 등 그리스·로마 고전 작가들의 이름과 내용이 직접 언급되며, 이들로부터 받은 영감이 시로 옮겨진다. 이 때문에 현대 시에 익숙한 독자들은 그녀의 시가 다소 낯설고 어렵다는 인상을 받는다.

휘틀리는 미국 독립전쟁 전후에 작품 활동을 했다. 그 시기에 미국은 독자적인 문화를 갖추지 못해 영국 문화에 크게 의존했고, 영국에서는 신고전주의*가 절정에 있었다. 이로 인해 당시 미국에서 가장 이상적인 시는 신고전주의의 특징에 따라 그리스·로마 고전을 반영하고, 내용과 형식 모두에서 고전적 조화와 균형을 추구하는 시였다. 더해서 보수적인 청교도 문화가 사회 전체를 지배하며 새로운 변화를 추구하는 것을 막는 역할을 했다. 이런 환경 속에서 휘틀리의 시가 고전 세계를 주로 담으며 신고전주의적 특징을 따르는 것은 매우 자연스러운 일이었다.

그러나 동시에 그녀의 작품에는 훗날 본격적으로 전개될 낭만주의의 특징이 선명하게 드러난다. 특히 현실의 부조리를 예민하게 감지하고, 그로부터 벗어나 또 다른 세계를 상상 속에서 재구성하는 모습이 그러하다. 상상적 초월이라는 정신적 능력을 통해 그 세계에 도달하려는 태도 또한 낭만주의 사조의 본질과 맞닿아 있다. 휘틀리는 생전에 낭만주의를 대표하는 시를 접할 기회가 없었지만, 그녀의 시 속에는 이미 그 핵심 정신인 자유와 인본주의가 가득하다. 이는 그녀의 존재가 지성과 규율을 중시하는 당시의 신고전주의적 질서 안에 있었지만, 그 정신은 인간 해방과 자유를 노래하는 새로운 시대를 앞서 꿈꾸고 있었다는 뜻이다.

작품 이야기: On Imagination 「상상력에 대해」

휘틀리의 「상상력에 대해」는 전체 53행의 장시이며, 이 책에는 제13행부터 제22행까지가 인용되었다. 이후에는 설명의 편의를 위해 제13행을 제1행으로 간주해 해설한다. 이 시는 형식적으로 '약강 5음보격 리듬'(iambic pentameter)이 거의 규칙적으로 유지되어 시행의 길이가 일정하다. 또한 복잡한 교차 각운이나 변칙적 각운 없이, 바로 인접하는 두 행이 각운을 이루는 '2행연구'(couplet) 형식을 띤다. 약강 5음보격과 2행연구의 조합은 18세기 영국 신고전주의 시, 특히 알렉산더 포프의 영웅 2행시(heroic couplet)에서 가장 흔히 쓰인 형식으로, 휘틀리가 당시 유행하는 시의 형식적 전통을 충실히 따르고 있음을 보여준다.

시에서 '그대'는 모두 '상상력'을 지칭한다. 첫 두 행에서 화자는 상상력의 힘을 절대적이고 초월적인 것으로 묘사한다. 상상력이 '지나는 속도'는 인간의 언어로는 적절히 표현하기 어려울 만큼 빠르다고 말한다. 실제로 상상은 우리의 인

* 신고전주의(neo-classicism)는 17세기 후반부터 18세기 후반까지 영국 문학과 예술을 지배한 문예사조로, 르네상스 이후 재발견된 고대 그리스·로마의 고전주의(classicism)를 계몽주의 시대의 가치관 속에서 새롭게 구현한 것이다. 형식과 규칙을 중시하며, 균형과 조화, 적정율(decorum)을 추구했다. 또한 계몽주의의 이성주의를 반영해 사적 감정을 절제하고, 이성과 기지를 중시하며, 우아하고 숭고한 아름다움을 높이 평가했다. 대표 시인으로는 존 드라이든(John Dryden)과 알렉산더 포프(Alexander Pope) 등이 있다.

식 속에서 일어나므로 물리적 제약을 받지 않으며, 마치 빛보다 빠르게 전개되거나 한순간에 우주의 경계를 넘기도 한다. 휘틀리는 이러한 묘사를 통해 상상력이 시공간적 한계를 초월하는 속성을 지녔다고 강조한다.

제3행부터는 시공간의 한계를 넘어서는 상상력의 힘으로 인간이 무엇을 할 수 있는지를 묘사한다. 인간은 상상력의 '날개를 타고' 바람을 가르며 하늘로 치솟는다. 목적지는 하늘 끝에 있다는 찬란한 빛의 집, 즉 천둥을 내리치는 신의 궁전이다. 그 여정 속에서 시인은 지구를 저 아래 남겨둔 채, 마치 우주여행을 하듯 요동치는 별들을 바라본다. 그곳에서 하늘을 거닐고 여러 나라를 둘러보는 듯한 체험도 한다. "정신의 눈"은 상상력의 또 다른 표현이며 실재의 한계를 벗어난 세계를 볼 수 있게 하는 정신적 능력을 뜻한다.

마지막 2행에서는 마치 높은 산에 올라 도시 전체를 내려다보듯, 세계를 한눈에 조망하는 모습이 그려진다. 이는 상상력이 단순히 없는 것을 그려내는 힘이 아니라, 세계를 새롭게 발견하고 그로 인한 경이로움을 느끼는 힘이라는 뜻이다. "해방된 영혼"은 비로소 현실의 굴레에서 풀려난 인간의 영혼을 뜻한다. "상상력이여!"라는 외침이 "해방된 영혼"으로 연결되는 이유는 분명하다. 상상력이 물리적 한계를 뛰어넘는 힘이자, 인간을 속박에서 풀어주는 정신적 능력임을 강조하기 위해서이다.

따라서 휘틀리의 "해방된 영혼"은 천상의 절대자나 하늘 위에서 내려오는 것이 아니다. 오히려 인간이 상상력을 통해 자유롭게 세계를 조망할 때, 즉 현실 세계를 새롭게 인식하고 추구하는 과정에서 얻어진다. 이런 이유로 오늘날 휘틀리는 미국 흑인문학과 흑인여성문학의 선구자로 평가되며, 그녀의 시는 '해방의 시'라 불린다.

꿈의 세계

But I, being poor, have only my dreams;
I have spread my dreams under your feet;
Tread softly because you tread on my dreams.
하지만 나 가난하여 오직 꿈만 있어
그 꿈 당신 발 아래 펼쳤으니
그대 내 꿈 위에서 부드럽게 걸으소서
- 윌리엄 버틀러 예이츠 -

The Lake Isle of Innisfree

William Butler Yeats

I will arise and go now, and go to Innisfree,
And a small cabin build there, of clay and wattles made;
Nine bean-rows will I have there, a hive for the honey-bee,
And live alone in the bee-loud glade.

And I shall have some peace there, for peace comes dropping slow,
Dropping from the veils of the morning to where the cricket sings;
There midnight's all a glimmer, and noon a purple glow,
And evening full of the linnet's wings.

I will arise and go now, for always night and day
I hear lake water lapping with low sounds by the shore;
While I stand on the roadway, or on the pavements grey,
I hear it in the deep heart's core.

- rows: 밭고랑
- glade: 숲속의 빈터
- a purple: 보라색 히스(야생화)

이니스프리의 호수 섬　　윌리엄 버틀러 예이츠

나는 일어나 지금 가리라, 이니스프리로 가리라
거기서 진흙과 욋가지로 만든 작은 오두막을 지으리라
거기서 아홉 줄 콩밭과 벌집을 키우리라
벌들이 윙윙거리는 숲속 빈터에서 홀로 살리라

거기서 나는 작은 평화를 누리리라, 평화가 천천히 방울져 오면
아침의 장막에서 귀뚜라미 노래하는 곳으로 방울져 내리리라
거기선 깊은 밤 온갖 것이 반짝이고 한낮엔 보라색으로 빛나리라
저녁엔 홍방울새 날개로 가득하리라

나는 일어나 지금 가리라, 언제나 밤낮으로
호숫가에서 낮은 소리로 찰랑거리는 물소리가 들리니
도로 혹은 회색빛 신작로에 서 있는 동안에도
나는 마음 깊은 심연에서 그 소리를 듣노라

작가 이야기: 현실을 걷는 몽상가, 윌리엄 버틀러 예이츠

예이츠(William Butler Yeats, 1865-1939)는 아일랜드 더블린 근교 해변의 작은 마을 샌디코브(Sandycove)에서 태어났다. 아버지 존 버틀러 예이츠(John Butler Yeats)는 초상화 화가였으며, 예이츠의 교육에 상당히 열성이었다. 예이츠의 자서전에 따르면, "내가 처음 학교에 들어갔을 때 아버지는 어린이 신문을 읽지 못하게 하려고 애쓰셨다. 아버지의 설명에 따르면, 신문은 성격상 보통의 어린이와 보통의 어른을 대상으로 하므로 인간의 성장을 방해할 수밖에 없는 것이었다."[1] 아버지 존은 곧 생각을 바꾸었지만, 이후에도 아들 예이츠의 예술적·지적 태도에 큰 영향을 미친다.

예이츠는 유년기와 소년기를 런던과 외가가 있는 아일랜드 슬라이고(Sligo)를 오가며 보낸다. 1881년 16세가 되던 해에 아일랜드로 완전히 돌아와 더블린의 에라스무스 고등학교(Erasmus Smith High School)에 입학한다. 1884년 19세에는 더블린 메트로폴리탄 미술학교(Dublin Metropolitan School of Art)에 진학하지만, 21세 무렵 전업작가가 되기 위해 미술을 포기한다.

1885년 약관의 나이로 시단에 데뷔한 예이츠의 초기 작품 세계는 한마디로 낭만주의적 감성으로 요약된다. 그는 인간의 영혼과 정신을 탐구하는 데 몰두했으며, 당시 선진적인 사조로 여겨지던 과학적·실증주의적 태도는 인간을 영적 존재가 아닌 물질적 존재로 귀결시킨다는 이유로 거부한다. 1890년 무렵 슬라이고를 방문한 그는 잊고 있던 어린 시절의 추억을 되살린다. 그후 어린 시절에 그를 매혹시켰던 아일랜드의 전설과 민담에 깊이 몰입하며, 시에 초현실적이고 몽환적인 이상향을 담기 시작한다.

예이츠가 현실 세계에 발을 딛기 시작한 데에는 아일랜드 독립운동가 모드 곤(Maud Gonne)의 영향이 크다. 그는 그녀를 오랫동안 사랑하며 거의 절대적으로 숭배한다. 예이츠의 자서전에는 그녀를 향한 숭배의 감정이 여러 군데서 드러난다. 다음 글도 그 중의 하나이다. "모드 곤은 자기가 세운 모든 계획을 밀고 나갔다. 군중을 지배하는 그녀의 힘은 절정에 달했다. 그 힘의 원천 중 하나는, 불합리해 보일 정도로 추상적 원칙을 끝까지 밀고 나갈 때조차 자신의 마음을 자유롭게 할 수 있다는 사실에 있었다. 그래서 사람들은 단지 그녀가 아름다워서가 아니라, 그 아름다움이 기쁨과 자유를 암시했기 때문에 그녀의 말을 따랐다."[2]

여기서 보듯이, 군중들 한가운데서도 예이츠의 시선은 오롯이 모드 곤에게만 머문다. 예이츠가 모드 곤을 묘사하는 장면은 대체로 이와 비슷한 분위기를 띠어, 모드 곤을 향한 그의 애정과 존중의 깊이가 그대로 전달된다. 그러나 슬프게도 모드 곤은 문학 청년 예이츠가 아니라 대중 운동가 존 맥브라이드(John MacBride)를 선택한다. 이에 굴하지 않고 예이츠는 오랜 세월 짝사랑을 이어가며, 기회가 있을 때마다 사랑의 결실을 맺으려 애쓴다.

동시에 예이츠는 아일랜드 독립을 위해 스스로 '문화 운동'에 헌신한다. 이것이 그의 삶과 시를 현실 세계와 연결시킨다. 이후 그의 시에는 현대 문명의 혼돈과 불안 그리고 새로운 문명의 탄생에 대한 기대가 함께 담긴다. 말년에 예이츠는 초기에 몰두했던 이상과 영혼, 그리고 후기에 관심 두었던 현실과 육체(혹은 구체성)의 합일 가능성을 모색한다. 이는 이상과 현실, 영혼과 육체가 조화를 이루지 못해 불행에 빠진 현대적 인간과 혼돈에 빠진 현대 문명을 치유하려는 시도이자, 자신의 문학 인생 전체를 변증법적으로 통합하려는 노력이다.

작품 세계가 멈추지 않고 진보해 간 것처럼, 예이츠의 삶도 노년에 이를수록 더욱 정력적으로 변한다. 그는 52세에 마침내 모드 곤과 모든 관계를 정리하고 조지 하이드리스(Georgie Hyde-Lees)와 결혼한다. 그 후 74세로 세상을 떠날 때까지 거의 매해 강연, 출판 등 다양한 사회 활동을 이어간다. 69세에는 '회춘 수술'을 받은 것으로 알려져 있다.

예이츠는 모더니즘 시대를 살았지만 모더니스트가 아니라 '최후의 낭만주의자'로 불린다. 그의 시가 워즈워스(William Wordsworth)처럼 자연스러운 정서로 독자와 소통하며, 현실 세계에 대한 슬픈 인식, 이상향에 대한 갈망, 그리고 이상향을 현실에 구현하려는 노력을 담고 있기 때문이다. 이와 더불어 모드 곤이라는 한 여성을 향한 길고 애절한 사랑도 그를 진정한 낭만주의자로 보이게 만드는데 일조한다.

작품 이야기: The Lake Isle of Innisfree 「이니스프리의 호수 섬」

예이츠의 「이니스프리의 호수 섬」("The Lake Isle of Innisfree")은 4행 3연, 총 12행으로 이루어진 짧은 시다. 대체로 각 연의 첫 세 행은 6음보격 리듬(hexameter-강세 여섯 개의 리듬)으로 이루어졌고, 마지막 행만 4음보격 리듬(tetrameter-강세 네 개의 리듬)으로 구성된다. 모든 행은 약음이 강음보다 앞서는 약강(iambic) 패턴을 유지한다.

6음보격 리듬은 영시에서 일반적으로 사용하는 5음보격 리듬(pentameter-강세 다섯 개의 리듬)에 두 음절을 더 보태기 때문에 시행이 길어진다. 이러한 길이감이 부드러운 약강 패턴과 잘 어우러져 시의 흐름을 느릿하게 만들고, 이니스프리라는 이상향의 나른하고 평온한 분위기를 더욱 효과적으로 자아낸다. 이에 비해 각 연의 마지막 행은 상대적으로 짧아 리듬이 급해지는 느낌을 준다. 이는 마치 단순명료한 선언문처럼 시인이 꿈꾸는 세계를 실현하겠다는 의지를 효과적으로 전달한다. 각운은 4행 연시에서 흔히 쓰이는 abab 구조를 따르며, 매우 정확하게 지켜져 각 행의 끝소리가 -ee / -ade / -ee / -ade로 운을 이룬다.

「이니스프리의 호수 섬」은 예이츠의 작품 중 대중적으로 가장 널리 알려진 시이자, 그가 초기에 주로 쓴 낭만적인 분위기를 보여주는 대표적인 작품이다. 이니스프리 호수는 예이츠의 외가 슬라이고에 실제로 존재하며, 그 가운데 있는 섬은 사람이 살 수 없을 만큼 작다. 특별할 것 하나 없는 이 섬이 이 시를 통해 '불멸의 섬'이 되었다.

시 속에서 예이츠는 멀리서 바라보기만 했던 이 섬에 자신만의 이상향을 세운다. 첫 행의 "나는 일어나 지금 가리라"라는 표현은 시인의 강한 결심을 드러낸다. 그 어조는 지금 당장이라도 그 결심을 실행할 것처럼 급박해 보인다. 이 때문에 처음 읽는 독자는 시인이 말하는 것이 전부 상상이라는 것을 곧바로 눈치채지 못할 수도 있다. 하지만 제1연이 끝나기 전에 독자는 이니스프리 호수 섬이 시인의 마음속에만 존재하는 이상향임을 알게 된다. "진흙과 욋가지"로 지은 소박한 집에서 "아홉 줄 콩밭"을 가꾸고, "벌들이 윙윙거리는 숲속 빈터"에서 사는 것, 모두가 시인의 상상임을 쉽게 짐작할 수 있기 때문이다.

제2연은 이니스프리라는 상상 속 세계가 얼마나 아름다운지를 묘사한다. 아침은 아침대로, 한낮은 한낮대로 아름답다. 예이츠는 이니스프리 호수 섬의 모든 시간이 자연스러운 아름다움과 평화로움으로 가득 차 있다고 이야기한다. 흥미롭게도 이 시에서 시간의 흐름은 실제 하루의 순서와 다르게 배열되어 있다. 평화로운 아침에서 시작해 귀뚜라미 우는 저녁으로, 온갖 것이 반짝이는 깊은 밤에서 곧바로 보라빛 한낮으로 날아간다. 이어서 다시 홍방울새 나는 저녁으로 향한다. 이처럼 시간 순서를 뒤섞는 것은 시적 리듬을 유지하는 동시에 현실감을 흐리게 해, 이니스프리를 더욱 몽환적인 이상향으로 느끼게 만든다.

제3연은 이니스프리 호수 섬이라는 이상향과 뚜렷이 대비되는 현실 세계를 묘사한다. 시인이 서 있는 곳은 도시의 "도로 혹은 회색빛 신작로"이다. 그곳은 사람들로 붐비고 소음이 가득하지만, 그는 그 속에서 오히려 고독하다. 회색빛 거리 풍경은 이니스프리의 "보라색"과 "홍방울새 날개"가 그려내는 생기 있는 색채와 선명하게 대조된다. 도시의 을씨년스러운 분위기와 피폐한 마음은 시인이 이니스프리로 향하고자 하는 이유를 자연스럽게 설득한다. 더해서 예이츠가 아일랜드인이고 또 그 땅을 깊이 사랑했다는 사실에 공감한다면, 이니스프리는 단순히 인간 세계에서 멀리 떨어진 한적한 공간이 아니라 자연과 신비, 평화와 아름다움이 조화를 이루는, 이상화된 아일랜드라는 것도 이해하게 된다.

Life is But a Dream Lewis Carroll

A boat, beneath a sunny sky
Lingering onward dreamily
In an evening of July

Children three that nestle near,
Eager eye and willing ear,
Pleased a simple tale to hear

Long has paled that sunny sky;
Echoes fade and memories die;
Autumn frosts have slain July.

Still she haunts me, phantomwise,
Alice moving under skies
Never seen by waking eyes.

Children yet, the tale to hear,
Eager eye and willing ear,
Lovingly shall nestle near.

In a Wonderland they lie,
Dreaming as the days go by,
Dreaming as the summers die;

Ever drifting down the stream
Lingering in the golden gleam
Life, what is it but a dream?

- linger: (떠나기 싫어) 오래 머무르다, 또는 무언가를 오래 하다
- nestle: 따뜻하게 꼭 붙어 앉다
- phantomwise: 유령처럼, 유령 같은 모습으로

삶은 오직 꿈 루이스 캐럴

햇살 가득한 하늘 아래
배 한 척이 꿈꾸듯 항해하는
7월 어느 저녁

가까이에 옹기종기 앉은 세 아이가
간절한 눈과 쫑긋한 귀로
순박한 이야기 하나 들으며 즐거워했는데

그 햇살 가득한 하늘 흐려진 지 오래
메아리도 희미해지고 기억도 사라졌다
가을 서리가 7월을 훔쳐 갔는데

앨리스는 환영처럼 나의 뇌리를 떠나지 않아
하늘 아래서 움직이니
깨어있는 눈에는 절대로 뵈지 않는다

아이들은 그 이야기를 다시 들으러
간절한 눈과 쫑긋한 귀를 하고
사랑스럽게 가까이에 옹기종기 모이리라

그 애들은 이상한 나라에 갔으니
꿈결 속에서 세월이 지나고
꿈결 속에서 여름이 끝난다

영원히 시냇물 따라 떠내려가고
반짝이는 황금빛에 머물러 있으니
삶이 꿈이 아니고 무엇이란 말인가?

작가 이야기: 상상과 이성을 넘나든 작가, 루이스 캐럴

루이스 캐럴(Lewis Carroll, 1832-1898)은 도지슨(Charles Lutwidge Dodgson)의 필명이다. 그의 집안은 비록 작위를 가진 귀족 가문은 아니지만, 몇 세대에 걸쳐 상당한 사회적 영향력을 지닌 명문이다. 아버지 찰스 도지슨(Charles Dodgson)은 영국 국교회 성직자로 부주교(archdeacon)까지 오른다. 그 영향으로 집안은 매우 엄격하고 보수적인 종교적 분위기였다. 이것이 어린 시절 캐럴에게 상당한 심리적 억압으로 작용한다. 그 결과 캐럴은 말을 더듬는 버릇을 얻어 평생 고치지 못한다.

캐럴은 명문 중등학교인 럭비 스쿨(Rugby School)을 졸업한 후 옥스퍼드 대학교 크라이스트 처치(Christ Church, Oxford)에 진학한다. 크리이스트 처치 칼리지는 캐럴의 아버지 찰스가 졸업한 곳이기 때문에, 대학 선택에서도 아버지의 영향이 미친 것으로 보인다. 다행히 캐럴은 크라이스트 처치에 잘 적응한다. 덕분에 대학을 졸업한 후에도 학교에 남아 학자로서 연구를 계속하고 후학을 양성한다. 수학자로서 그는 본명 도지슨으로 활동했으며, 이 이름으로 10권이 넘는 수학 저서를 출간한다. 당대에 캐럴의 수학자로서의 위치는 상당히 확고했다.

캐럴의 예술적 재능은 일찍부터 다양한 분야에서 발휘된다. 그는 당시 예술계에 신선한 충격을 주었던 젊은 예술가들의 모임인 라파엘 전파(Pre-Raphaelite Brotherhood)와 교류하고, 당시 거의 새로운 매체였던 사진에도 깊은 관심을 보인다. 현재 온라인에서 확인할 수 있는 그의 사진 작품 대부분은 어린이를 피사체로 삼고 있다. 이 가운데 일부는 다소 에로틱하게 보이는 이미지들이 있어, 그에게 소아성애적 성향이 있었던 것은 아닌가 의심을 산다.

하지만 사진만으로 캐럴에게 그러한 성향이 있었다고 단정하기 어렵다. 19세기 후반 그림과 사진 등의 시각예술에서는 다소 이해하기 힘들 정도로 어린이를 매혹적으로 묘사하는 경향이 있었다. 그 중의 어떤 사진들은 현재 출판 자체가 어려울 정도이며, 설혹 출판된다 하더라도 양식있는 독자들로부터 적절하지 않은 이미지라는 평가를 들을 가능성이 크다.[3] 당시에는 이러한 표현 방식이 '때 묻지 않은 순수'를 찬미한다는 미명으로 정당화되었다. 따라서 캐럴의 어린이 누드 사진은 그가 개인적으로 특정 성향을 가졌기 때문일 수도 있고, 단순히 당대 예술 분위기에 따른 결과일 수도 있다.

예술을 사랑하던 한 평범한 수학자의 삶을 완전히 바꾼 것은 1865년에 발표된 『이상한 나라의 앨리스의 모험』(*Alice's Adventures in Wonderland*)이다. 이 책은 동시대에 익숙하고 규범적이던 아동문학과는 전혀 다른 개성과 상상력으로 독자들을 사로잡으며, 출간과 동시에 밀리언셀러가 된다.

1830년대 이후 영국은 산업혁명으로 심화된 아동 노동 문제를 해결하기 위해 공장법과 광산법을 연이어 제정한다. 또한 낭만주의의 영향으로 아동기를 보호해야 한다는 인식이 확산되었으며, 때마침 발표된 다윈의 진화론은 인간의 성장과 발전이라는 관점에서 아동에게 유난한 관심을 쏟게 만들었다. 그 결과 아동 교육에 대한 관심이 급속도로 성장하고, 아동 교육용 도서나 아동문학도 전례 없는 붐을 맞는다. 하지만 이 무렵 출판된 대부분의 아동문학은 도덕적 가르침에 치중한다. 종교적 교훈 역시 빠지지 않는 주제였으며, 신앙심이 강한 아이가 천국에 간다는 믿음을 강요한다. 특히 여자아이에게는 나긋나긋하고 온순한 태도로 가족에게 헌신하는 '집안의 천사'*를 이상적인 여성상이라 가르친다.

하지만 『이상한 나라의 앨리스』는 이러한 사회적 기대와 규범을 모두 거부한다. 캐럴이 창조한 앨리스의 세계에서는 빅토리아시대**가 중시한 질서나 경건

* '집안의 천사'는 패트모어(Coventry Patmore)의 시집 『집안의 천사』(*The Angel in the House*)에서 유래한 표현으로, 빅토리아시대의 이상적 여성상을 가리킨다. 순종적이고 온화하며 가족에게 헌신하는 아내 혹은 어머니상을 의미한다.

** 빅토리아시대(1837-1901)는 낭만주의와 모더니즘 사이에 놓인 과도기이다. 주요 특징으로는, 산업혁명의 영향이 사회 전반에 반영되어 기술 및 경제 발전과 함께 도시 빈민, 노동 문제 등의 심각한 사회문제를 낳는다. 공리주의와 개인주의는 인간을 하나의 독립된 주체로 보게 했으나, 사회문제를 개인 책임으로 돌리는 한계를 보인다. 대가족 중심의 가부장제가 유지되고, 스노비즘(snobbism-속물근성)과 체면(respectability) 중시가 이상적 덕목으로 권장된다. 제국주의의 성장과 함께 애국주의가 고조되었으며, 세속주의 확산에 대한 반작용으로 종교적 경건과 도덕적 진지함이 강조되었다. 과학의 발전은 인간 이해를 넓혔지만, 성(性)에 대한 새로운 논쟁도 촉발한다. 이처럼 빅토리아시대는 전근대적 사고에서 모더니즘 시대로 이행하는 과정에서 형성된 양가적 특성이 공존하면서 다양한 긴장과 갈등을 낳은 시대로 설명될 수 있다.

함이 없다. 오직 무질서와 무의미로 가득해, 말장난과 수수께끼, 그리고 엉뚱한 농담이 넘쳐난다. 진지함을 강요하는 동시대 분위기에 유쾌하게 반항하는 이 책은 출간되자마자 대단한 인기를 끈다. 그만큼 당대의 도덕적이고 엄격한 분위기를 답답해 한 사람이 많았다는 의미로 해석될 수 있다. 캐럴은 이 작품으로 세계적인 명성을 얻지만, 여전히 수학자로서 연구를 이어간다.

작품 이야기: Life is But a Dream 「삶은 오직 꿈」

캐럴의 「삶은 오직 꿈」("Life Is But a Dream")은 총 7연으로, 각 연은 3행으로 구성되어 있다. 제1연의 각운은 완전하지 않다. "7월"(July)과 "꿈꾸듯이"(dreamily)는 마지막 음절이 보기에만 비슷할 뿐 소리는 엄연히 다르다. 영시에서는 이처럼 불완전한 각운(slant rhyme)이 비교적 자주 발견된다. 영어는 언어 발전 과정에서 굴절이 많이 소실되어, 유럽 언어에 비해 각운을 맞추기가 쉽지 않기 때문이다. 일부 연구자들은 이러한 불완전 각운이 우연이 아니라 단조로움을 피하고 시적 리듬에 변화를 주려는 시인의 의도라고 본다.

또 하나의 특징은 시 전반에서 사용된 각운의 폭이 매우 제한적이라는 점이다. 많은 시인들은 현란한 기교를 과시하기 위해 다양한 각운을 구사한다. 이에 반해 캐럴은 몇 가지 음만을 반복해, 겉보기에 매우 단조로워 보인다. 하지만 이것이 오히려 후크(hook-인상적인 음과 반복으로 청자의 기억에 강하게 남는 대목)와 같은 역할을 해, 시의 정서와 분위기에 더욱 쉽게 몰입하고 친근감을 느끼도록 만든다. 따라서 이 시의 단순한 각운 구조는 기교의 부족이 아니라, 시 전체에 통일된 정서와 리듬감을 부여하려는 캐럴의 의도로 해석된다.

캐럴의 「삶은 오직 꿈」은 별개의 작품이지만, 『이상한 나라의 앨리스의 모험』의 에필로그와 같은 역할을 한다. 시에 등장하는 아이들과 "앨리스"라는 이름이 이를 뒷받침한다. 캐럴은 공식적으로 인정하지 않았지만 『이상한 나라의 앨리스의 모험』에 등장하는 앨리스는 실존 인물을 모델로 한 것이다. 당시 캐럴이 근무하던 크라이스트 처치 칼리지의 학장 헨리 리델(Henry Liddell)에게는 에디스

(Edith), 앨리스(Alice), 로리나(Lorina)라는 이름의 세 딸이 있었다. 리델과 가까운 사이였던 캐럴은 종종 그 집에 초대되어 어린 세 딸과도 친분을 쌓는다. 수수께끼와 말장난에 능했던 캐럴은 풍부한 상상력으로 아이들에게 늘 재미있는 이야기를 들려주곤 했는데, 『이상한 나라의 앨리스의 모험』도 어느 여름날 캐럴이 세 아이와 함께 뱃놀이를 하면서 들려준 이야기를 재가공해 집필한 것으로 알려져 있다.

「삶은 오직 꿈」 속의 "7월 어느 저녁"과 "배 한 척"이라는 시공간 설정과 "가까이에 옹기종기 앉은 세 아이"가 "순박한 이야기 하나 들으며" 행복해하는 장면은, 캐럴이 리델의 아이들과 뱃놀이를 했던 날을 연상시킨다. 더해서 리델의 셋째 딸 로리나가 캐럴의 사진 모델이었음을 고려하면, 둘째 딸 앨리스가 작품 속 '앨리스'의 실제 모델일 개연성은 더욱 높아진다. 이들 세 자매가 캐럴의 예술적 영감의 원천이었다고 볼 수 있기 때문이다. 「삶은 오직 꿈」이 현실 세계와 상상 세계를 오간다는 점도 『이상한 나라의 앨리스의 모험』을 닮았다. 책 속의 앨리스가 현실에서 상상으로 미끄러지듯이, 시 속의 세 아이도 현실에서 상상 속 세계로 간다. 옹기종기 모여 귀를 쫑긋 세우고 이야기에 몰입하는 순간은 현실이지만, 그 이야기를 통해 아이들이 향하는 곳은 상상세계이다.

"메아리도 희미해지고 기억도 사라졌다"라는 구절은 뱃놀이가 먼 옛날 일이라는 느낌을 준다. 이어지는 "가을 서리"에서 '가을'은 구체적인 계절 표현으로 사건에 현실감을 부여하고, '서리'는 이제 뱃놀이가 어려운 때라고 암시해 아쉬움의 정서를 부각한다. 하지만 독자들은 7월과 가을 사이에 그리 긴 시간이 지나지 않았음을 안다. 이 때문에 아이들이 지금도 기억 속에서 생생한 그 이야기를 떠올리며 함께 재잘거리고, 또다시 상상세계로 들어가 시간과 삶을 스스로 배워간다고 짐작할 수 있다. 캐럴은 뱃놀이의 추억을 빌려, 인생이란 현실과 상상이 서로 스며드는 여정이며, 그 여정 속에서 우리가 순수와 경이로움을 잃지 말아야 한다고 이야기한다.

우리가 만드는 세상

Creativity is seeing what others see
and thinking what no one else has ever thought.
창의력이란 다른 사람들이 보는 것을 보며
그들이 생각하지 못한 것을 생각하는 것이다.
- 알버트 아인슈타인 -

To Imagination

Emily Brontë

When weary with the long day's care,
And earthly change from pain to pain,
And lost and ready to despair,
Thy kind voice calls me back again:
Oh, my true friend! I am not lone,
While thou canst speak with such a tone!

So hopeless is the world without;
The world within I doubly prize;
Thy world, where guile, and hate, and doubt,
And cold suspicion never rise;
Where thou, and I, and Liberty,
Have undisputed sovereignty.

What matters it, that, all around,
Danger, and guilt, and darkness lie,
If but within our bosom's bound
We hold a bright, untroubled sky,
Warm with ten thousand mingled rays
Of suns that know no winter days?

Reason, indeed, may oft complain
For Nature's sad reality,
And tell the suffering heart, how vain
Its cherished dreams must always be;
And Truth may rudely trample down
The flowers of Fancy, newly-blown:

But, thou art ever there, to bring
The hovering vision back, and breathe
New glories o'er the blighted spring,
And call a lovelier Life from Death,
And whisper, with a voice divine,
Of real worlds, as bright as thine.

I trust not to thy phantom bliss,
Yet, still, in evening's quiet hour,
With never-failing thankfulness,
I welcome thee, Benignant Power;
Sure solacer of human cares,
And sweeter hope, when hope despairs!

- thy: 너의 (your의 옛 형태)
- thou: 너 (you의 옛 형태)
- Liberty: 자유의 여신
- canst: 할 수 있다 (can의 옛 형태)
- oft: 자주 (often의 옛 형태)
- trust not: 믿지 않는다 (do not trust의 옛 형태)
- thee: 너를 (you의 목적격 옛 형태)
- benignant: 인자하고 너그러운

상상력에게 　　에밀리 브론테

긴 하루 근심으로 지칠 때
고통만 안겨주는 세속의 변화에 지칠 때
길을 잃고 절망하려 할때
그대의 친절한 목소리가 나를 다시 불러세운다
오 나의 진정한 친구! 나는 혼자가 아니다
그대 비록 그렇게 말하지 않아도!

바깥 세상에는 희망이 없다
나는 내 안의 세상을 더 소중히 여긴다
그대의 세상에는 간교함, 증오, 불신
차가운 의심이 자라지 못한다
그곳에서 그대와 나 그리고 자유가
누구도 반박할 수 없는 주권을 누린다.

무엇이 문제겠는가? 온 사방에
위험과 죄의식과 어둠이 자리한들
우리 마음의 영역 안에
오직 밝고 근심 없는 하늘만 있다면
어떤 겨울도 알지 못하는
태양 빛 수만 개가 어울려 따뜻할 것을

이성은 참말로 자주 불평한다
자연의 슬픈 현실에 대해
고통에 겨운 마음을 향해 속삭여 댄다
소중한 꿈이 늘 얼마나 헛되었는지
또, 진리는 새로 피어난 상상의 꽃을
얼마나 거칠게 짓밟아 뭉개는지를

그러나 그대는 영원히 그곳에 존재하며
머뭇거리는 비전을 다시 불러온다
시든 봄에 새로운 영광을 불어넣는다
죽음에서 더 사랑스러운 삶을 불러 내어
신성한 목소리로 그대의 것 만큼
밝은 진짜 세상에 대해 속삭인다

나는 그대의 환상 같은 축복을 믿지 않는다
그러나 여전히 조용한 저녁 시간에
변함없는 감사함으로
그대를 환영한다, 인자한 힘이여
분명코 인간의 근심을 위로할 이여
희망이 절망할 때 더 다정할 희망이여!

작가 이야기: 고독 속에서 피어난 열정의 벗, 에밀리 브론테

에밀리 브론테(Emily Brontë, 1818-1848)는 어머니가 일찍 세상을 떠난 뒤, 목사인 아버지와 이모 엘리자베스 브랜웰(Elizabeth Branwell)의 손에서 자란다. 집안 형편은 넉넉하지 않았고, 이모 또한 좋은 양육자 역할을 하지 못한다.

이 때문에 아직 기숙학교에 들어가기에 어린 앤(Anne)만 집에 남겨두고, 에밀리는 세 명의 언니, 마리아(Maria), 엘리자베스(Elizabeth), 샬롯(Charlotte)과 함께 기숙학교에 들어간다. 위로 두 언니 마리아와 엘리자베스가 각각 11세와 10세의 나이에 결핵으로 세상을 떠나자, 에밀리는 작은 언니 샬롯과 함께 집으로 돌아온다. 당시 샬롯은 8세, 에밀리는 6세, 앤은 4세였다. 이후 샬롯은 어머니의 빈자리를 대신하며 동생을 보살피지만, 어린 자매의 마음속에는 비극적인 삶에 대한 두려움이 깊이 자리 잡는다.

1835년 19살이 된 샬롯은 교사로 근무하기 위해 집을 떠난다. 에밀리도 17세 무렵 언니 샬롯이 근무하던 학교에서 교사 일을 시작하지만, 그리 오래 하지 못한다. 향수병과 건강 문제로 집에 돌아온 에밀리는 다시는 집을 떠나지 않는다. 이후 동생 앤과 함께 알코올 중독과 신경증을 앓는 오빠 브랜웰(Patrick Branwell Brontë)*을 돌보며 넉넉치 않는 집안 살림을 꾸려간다. 이러한 현실적 부담 속에서, 샬롯에 비해 생활력도 부족하고 현실 사회를 견디는 능력도 떨어졌던 에밀리는 점점 더 세상으로부터 고립된다. 그 대신에 에밀리는 잘 알지 못하는 외부 세계에 대한 상상을 앤과 함께 나누며 상상의 영역을 확장해 나간다. 이 때문에 두 자매의 작품에는 서로의 영향이 깊이 배어 있다

하지만 브론테 집안의 비극은 마치 숙명처럼 그들을 엄습한다. 31살이던 브랜웰이 알코올 중독으로 사망하고 몇 달 지나지 않아 그를 보살피던 에밀리가 세

* 위의 초상화는 브랜웰 브론테가 1833년경 열여섯 살 무렵의 에밀리를 그린 것이다.

상을 떠난다. 그 이듬해에는 앤마저 사망한다. 이는 이들 남매의 정신적 에너지와 삶의 열망이 서로 깊이 연결되어 있었음을 말해준다. 유일하게 샬롯만 평범하게 삶을 이어가는 듯했으나, 결혼 후 1년도 안 되어 폐렴으로 사망한다. 그녀 나이 38세였다. 결국 브론테 집안의 여섯 남매 모두가 제대로 삶을 펼쳐보지도 못한 채 이른 죽음을 맞는다. 그럼에도 그 짧은 삶 속에서 샬롯, 에밀리, 그리고 앤은 소설사에 길이 남을 걸출한 작품을 남긴다.

에밀리는 29세이던 1847년에 『폭풍의 언덕』(*Wuthering Heights*)을 발표한다. 이는 그녀가 세상을 떠나기 불과 1년 전이다. 에밀리는 샬롯과 달리 출판사와 원만한 관계를 유지하지 못해, 출간까지 더 오랜 시간이 걸린 것으로 알려져 있다. 만약 그녀가 호흡이 잘 맞는 편집자를 만났더라면 『폭풍의 언덕』은 조금 더 일찍 세상에 나왔을 것이다. 혹은 또 다른 작품을 발표할 기회도 있었을지 모른다. 하지만 이 책이 출간된 후 세간의 반응을 보면, 출판사가 에밀리에게 무조건 동조하기 어려웠던 사정도 이해할 만 하다. 『폭풍의 언덕』에는 당시 사회 분위기에 역행하는 문제적 사랑, 공포를 자아내는 분위기, 다듬어지지 않은 인간의 욕망 등이 생생하게 그려진다. 그러한 소망을 이루기 위해 운명을 거스르는 인물들의 모습 또한 당시의 문화적 규범에서 크게 벗어나 있다.

『폭풍의 언덕』은 낭만주의 소설로 분류된다. 영국에서 낭만주의 시대는 1832년 스콧(Sir Walter Scott)의 사망과 함께 막을 내렸다고 보지만, 그 사상적 영향은 이후에도 오래 지속된다. 에밀리가 작품을 집필하던 시대 역시 낭만주의의 영향권에 있기 때문에 그녀의 작품에서도 그 특성이 뚜렷하게 드러난다. 예를 들어 우리가 『폭풍의 언덕』에서 마주하는 '공상과 환상이 교차하는 비합리적인 분위기, 주관적 감정에 사로잡혀 무아지경에 빠진 인물들, 그들의 우울과 비탄, 그 가운데 거침없이 드러나는 기쁨과 정열, 주어진 한계를 벗어나 자유롭고 거칠게 세상에 도전하는 인간 정신, 그러면서도 끝까지 서정성을 잃지 않는 작품 세계'는 낭만주의의 전형적인 특징이다.[4]

『폭풍의 언덕』은 고립된 삶 속에서 길러낸 상상력이 어떻게 존재의 한계를 넘어서 자신만의 창조적 세계를 만들어 내는지를 극명하게 보여주는, 낭만주의 문학의 한 정점이다.

작품 이야기: To Imagination 「상상력에게」

에밀리 브론테의 「상상력에게」("To Imagination")는 1846년에 완성된 시로, 각 6행을 갖춘 6개 연으로 구성되어 있다. 각 연은 ababcc의 각운 구조를 따르며, 모든 행에 일률적으로 적용하기는 어려우나 대체로 약강 4음보격의 리듬을 유지한다. 그녀는 소설가로 널리 알려졌지만, 첫 출판물은 자매들과 함께 출판한 시집이다.

「상상력에게」에서 에밀리는 상상력을 의인화하여 "그대"라고 부른다. 시 속의 '그대'는 모두 상상력을 가리키며, 이를 통해 상상력이 우리에게 친근하고 신뢰할 수 있는 존재임을 강조한다. 또한 그녀는 상상력을 "나의 진정한 친구"라고 불러, 그녀의 삶에서 상상력이 얼마나 일상적으로 함께 했는지를 알려준다.

제2연의 "바깥 세상"과 "내 안의 세상"은 각각 세속적인 인간 세계와 시인의 내적 세계를 가리킨다. 외부 세계에 희망이 없는 이유는 그 세계에 상상력이 부족하기 때문이며, 그녀의 내면이 더 소중한 이유는 상상력이 그 안에 가득하기 때문이다. 상상력의 세계에서는 악한 것이 자랄 수 없기에, "간교함, 증오, 불신"과 "차가운 의심" 같은 부정적 요소가 자라지 못한다. 그 세계에서 상상력은 "나"라는 개별적 존재, 그리고 "나"를 온전히 존재할 수 있게 만드는 "자유"와 동등한 "주권"을 누린다. 이는 상상력이 개인의 존엄과 자유에 버금가는 중요한 가치임을 강조하는 것이다.

제3연은 상상력이 세상의 "위험과 죄의식과 어둠"을 물리칠 힘이 있다고 말한다. 제4연은 상상력이 내면에 밝혀 준 따뜻한 빛을 "짓밟아 뭉개는" 것이 "진리"라고 꼬집는다. 여기서 "진리"는 세계를 지배하는 이성과 법칙을 상징한다. 합리주의와 신고전주의가 맹위를 떨치던 시대에 이성과 법칙은 계몽의 빛이었다. 하지만 낭만주의 시대에 그것들은 오히려 자유로운 감성을 규율과 질서로 옭아매는 억압으로 간주된다. 에밀리 브론테 또한 낭만주의 작가이기에 이성보다 감성에 무게를 둔다. 이 때문에 그녀는 이성이 지배하는 진리의 세계가 모든 것을

"불평"하고 불행으로 몰아간다고 말한다.

그래서 제5연에서 그녀는 상상력을 더욱 추구한다. 상상력은 차가운 이성이 들어찬 자리를 밀어내고 "시든 봄"에 "새로운 영광"을 입히고, "죽음"에서 "삶"을 다시 불러온다. 마지막 연에서 에밀리 브론테는 상상력의 "축복"을 온전히 믿지 않는다고 고백한다. 얼핏 보면, 앞서 상상력을 찬미한 태도를 전부 뒤집는 것처럼 보인다. 그러나 이것은 상상력의 힘을 저평가하는 것이 아니라, 오히려 상상력이 진정으로 필요한 순간을 강조하기 위한 서술적 장치이다.

만약 그녀가 상상력을 모든 문제의 만능열쇠라고 말했다면, 독자는 공감하기 어려웠을 것이다. 하지만 그녀는 "근심"에 빠진 인간을 위로하는 것이 상상력이라고 말하면서, 특히 "희망이 절망"으로 무너질 때 더 다정하게 "희망"을 건네는 존재가 바로 상상력이라고 설득한다. 결국 독자는 그녀의 말에 공감하게 된다. 그런 고통의 순간에 더 나은 순간을 상상하는 것이 다시 일어설 수 있는 힘이 되어 준다는 것을 알기 때문이다.

에밀리 브론테는 그런 상상력을 평생의 친구로 삼았다. 만약 누군가 상상력이 무엇이냐고 묻는다면, 그녀의 시 「상상력에게」를 들려주는 것으로 충분한 답이 될 것이다.

Ode: On Intimations of Immortality from Recollections of Early Childhood

William Wordsworth

The child is father of the man;
And I could wish my days to be
Bound each to each by natural piety.

Then sing, ye birds! sing, sing a joyous song!
And let the young lambs bound
As to the tabor's sound!

We, in thought, will join your throng.
Ye that pipe and ye that play.
Ye that through your hearts to-day
Feel the gladness of the May!

What though the radiance which was once so bright
Be now forever taken from my sight,
Though nothing can bring back the hour
Of splendour in the grass, of glory in the flower?

We will grieve not, rather find
Strength in what remains behind
In the primal sympathy
Which, having been, must ever be.

In the soothing thoughts that spring
Out of human suffering,
In the faith that looks through death,
In years that bring the philosophic mind.

- ode: 특정 인물이나 사건을 찬미하는 시
- ye: 너의 (옛 형태, 시적 표현)
- splendour: 눈부신 광채, 찬란함
- piety: 신성에 대한 경건함

어린 시절을 회상하고 영생불멸을 깨닫는 노래

윌리엄 워즈워스

아이는 어른의 아버지
그러니 나는 바란다 나의 하루하루가
자연을 향한 경건으로 엮이기를

노래하라 새들이여! 노래하라 기쁨의 노래를!
어린 양들이 작은 북소리에
맞춰 춤추듯 뛰게 두라!

우리도 상상 속에서 너희들과 함께 하리라
피리 부는 자들이여, 연주하는 자들이여
오늘 너희 마음을 가득 채운
오월의 환희를 느끼는 자들이여!

한때 그토록 찬란했던 빛이
이제 영원히 내 눈앞에서 사라진들 어떠리
그 무엇도 초원의 빛과 꽃의 영광을
되돌릴 수 없은들 어떠하리?

우리는 슬퍼하지 않으리 오히려 힘을 찾으리
우리에게 남아있는 것들에서
한때 있었기에 영원히 존재하는
태초의 공감에서

인간의 고통에서 피어나는
위로의 생각에서
죽음을 넘어서는 신념에서
세월이 가져다 주는 철학적 마음에서

작가 이야기: 자연의 빛으로 빚은 새로운 시의 세계, 윌리엄 워즈워스

워즈워스(William Wordsworth, 1770-1850)는 변호사였던 아버지 존 워즈워스(John Wordsworth) 덕분에 잉글랜드 북서부의 호반 지대(Lake District)에 있는 아름답고 한적한 시골 마을에서 비교적 안정되고 윤택한 유년기를 보낸다. 그는 넓은 들과 호수, 산속에서 뛰놀며 자연과 긴밀히 교감하고, 자연이 인간에게 주는 치유와 영감의 힘을 일찍 깨닫는다. 이러한 경험은 훗날 그의 시 세계에서 중심적인 모티프로 자리 잡는다.

케임브리지 대학교 세인트 존스 칼리지(St John's College) 재학 시절 워즈워스는 유럽 대륙을 여행하다가 프랑스 혁명에 깊이 감화된다. 1791년 대학을 마친 그는 다시 프랑스로 건너가 약 1년간 혁명 세력과 교류하며 혁명 사상에 더욱 매료된다. 하지만 혁명 정부가 공포정치로 치닫고 이후 나폴레옹의 독재가 시작되는 과정을 지켜보며 점차 보수적으로 기운다. 그럼에도 프랑스 혁명이 제시한 자유, 평등, 박애의 이념은 그의 시와 사상의 근저에 자리 잡는다.

그는 특히 인간의 평등에 대한 열망과 자유의지를 담은 시 세계를 새롭게 모색한다. 따라서 워즈워스의 낭만주의* 시는 필연적으로 이전 문예사조인 계몽주의와 신고전주의에 반대한다. 당시 영국 시단을 지배하던 신고전주의는 법칙, 질서, 합리적 이성, 그리고 지성과 보편성을 중시했다. 반면에 워즈워스는 그러한 규범에서 벗어나, 개인의 내적인 감정이 자연스럽게 흘러 넘치는 시를 추구한다.

* 영국의 낭만주의는 일반적으로 1798년 워즈워스와 콜리지가 『서정 담시』를 출간한 해부터 1832년 스콧 경이 사망할 때까지 약 30여 년간 지속된 비교적 짧은 문예사조이지만, 그 영향력은 예술사에서 가장 크고 오래간 사조 가운데 하나이다. 그 스펙트럼이 워낙 넓어 구체적 특성을 나열하기도 어렵다. 그러나 계몽주의와 합리주의가 정점에 달했을 때, 그에 대한 반발로 등장했다는 점에서 낭만주의는 공통적으로 이성과 합리에 맞서는 성격을 지닌다. 인간의 삶을 규제하는 사상과 제도, 인간성을 잃게 만드는 산업주의에 저항하며, 감정·상상·직관·비합리 등 이성의 반대편에 있는 가치들을 중시한다. 또한 체제와 권위에 맞서 인간의 존엄과 개인의 가치를 우선시하는 휴머니즘과 개인주의를 추구한다. 특히 현실의 질서나 확립된 관념보다는 멀리 있어 쉽게 닿을 수 없는 것, 아직 존재하지 않는 것, 혹은 오래된 과거를 향해 상상력을 확장하며 다양성을 창조하는 경향이 두드러진다.

이러한 철학은 그가 콜리지(Samuel Taylor Coleridge)와 함께 펴낸 『서정 담시』(*Lyrical Ballads*)의 「서문」(Preface)에 명확히 천명된다. 이 때문에 이 글은 지금도 낭만주의 문학사에서 매우 중요한 선언으로 간주된다.

워즈워스의 낭만주의 시는 내용 면에서도 계몽주의 문학과 뚜렷하게 구별된다. 계몽주의가 사회의 부도덕함을 고발하고 독자에게 도덕적 교훈을 전하는 데 주력했다면, 워즈워스는 평범한 사람들의 일상속에 피어나는 감정을 노래하고, 그 안에 깃든 자연스러움과 인간다움을 찬양한다. 그가 제시한 '평범한 인간의 감정을 자연스럽게 노래한다'라는 관념은 단순히 당대의 문학적 실험에 그치지 않고, 이후 문화예술 전반에 새로운 미학적 기준이 될 만큼 깊은 영향을 미친다.

프랑스 혁명 정신이 워즈워스의 낭만주의 사상을 싹틔웠다면, 영국의 산업혁명은 그의 시가 나아갈 방향을 구체적으로 결정짓는다. 18세기 말부터 본격화된 산업혁명은 도시의 급속한 팽창, 기계 중심의 노동 환경, 자연 파괴, 그리고 인간 소외를 불러온다. 어린이들마저도 노동력으로 간주되고, 기계의 효율성이 인간의 정서와 감성을 억압하는 세상이 펼쳐진다. 이러한 때 워즈워스는 인간성 회복의 실마리를 손상되지 않은 자연에서 찾는다. 이는 단순히 자연 경관에 대한 낭만적 향수나 자연으로의 도피가 아니다. 산업혁명이 초래한 비인간적이고 물질주의적인 사회 현상에 대한 경고이자, 동시에 인간의 내면을 회복하려는 철학적 사유가 반영된 것이다.

17세기 이후 근대과학은 자연을 인간의 목적에 따라 기계적으로 작동하는 물리적 대상으로 간주했고, 그 안에 생명이나 감정의 논리가 개입할 여지를 두지 않았다. 말하자면 자연은 차가운 비인격적 물질에 불과했다. 그러한 자연에 워즈워스는 생명과 의미를 불어넣는다. 그는 인간을 인간답게 만드는 힘을 자연 속에서 찾으라고 요구하고, 자연을 위로와 재생의 원천으로 규정한다.

워즈워스에게 또 하나의 중요한 관념은 순수이다. 그는 어린 시절의 순수함을 인간 본연의 성품으로 이해하며, 그것이 삶과 세계를 직관적으로 통찰하게 해주는 힘이라고 믿는다. 또한 자연과의 사색적 교감을 통해, 잃어버린 본래의 순수를 회복함으로써 산업화로 인해 황폐해진 정신세계를 치유할 수 있다고 본다. 따라서 워즈워스의 자연시는 단순한 경관 묘사가 아니라, 산업화 시대에 인간다움을 회복하고자 하는 근본적인 철학을 품고 있다.

작품 이야기: Ode: On Intimations of Immortality from Recollections of Early Childhood 「어린 시절을 회상하고 영생불멸을 깨닫는 노래」

워즈워스의 「어린 시절을 회상하고 영생불멸을 깨닫는 노래」("Ode: Intimations of Immortality from Recollections of Early Childhood")는 총 206행에 이르는 장시로, 전체 11개의 연으로 구성되어 있다. 각 연의 행 수가 서로 달라 전체 구조는 불규칙하며, 리듬 역시 일정한 규칙성을 찾기 어렵다. 각운도 연마다 나름의 패턴이 있기는 하나, 그 패턴이 모든 연에 동일하게 적용되지는 않는다. 전체적으로 구조가 불규칙하기 때문에 통일된 각운 체계를 유지하기도 어려웠거니와, 시인 스스로도 그 필요성을 절실히 느끼지 않았던 것으로 보인다. 인간의 자유의지를 노래하며 낭만주의 시의 새로운 지평을 연 그가 기존의 엄격한 정형적 틀에 갇히는 것에 회의를 품는 것은 자연스러운 일이다.

이 시는 워즈워스의 핵심 주제인 어린 시절, 자연, 그리고 영혼의 치유가 모두 담겨있어 그의 대표작 가운데 하나로 꼽힌다. 제사(epigraph)의 일부인 "아이는 어른의 아버지"라는 구절은 인간의 본질이 아이의 순수함 속에 있다는 뜻을 내포한다.

인간의 어린 시절에 이처럼 특별한 의미를 부여하고 그것에 대한 향수를 노래한 시인은 워즈워스가 처음이다. 18세기 말까지 서양 사회는 칼뱅주의적 전통에 따라 어린이를 도덕적 훈련이 부족한 존재, 그래서 죄에 더욱 취약한 존재로 규정했다. 이 때문에 그들이 죄악으로 물들지 않도록 매우 엄격하게 훈육해야 한다는 믿음이 일반적으로 공유되었다. 반면에 워즈워스는 어린이에게 인간이 평생 지녀야 할 고유하고 순수한 특성이 있다고 주장하며, 그 시기를 소중하게 여겨야 한다고 찬양한다. 그가 제안한 '순수한 어린이'라는 관념은 예술적 이상에 그치지 않고, 19세기 아동 교육과 노동 환경에 막대한 영향을 미친다. 심지어 오늘날까지도 대중문화는 물론 어린이와 관련된 모든 인식 속에 강력한 신화로 자리 잡는다.

여기서 인용한 부분은 이 시의 제9연으로 작품 전체에서 가장 널리 알려진 대목이다. 1961년 개봉한 영화 <초원의 빛>(*Splendor in the Grass*)에 인용된 덕분에 더욱 유명해졌지만, 워즈워스의 핵심 철학이 응축되어 있는 부분이기도 하다. 앞서, 제1-8연에서 워즈워스는 세상의 신성한 빛을 느끼며 순수한 기쁨을 누리던 어린 시절을 회상하고, 더 이상 그러지 못하는 현실을 안타까워한다. 어른이 되면서 그 빛을 잃어버린 것은 인간이 본래 가졌던 빛과 기쁨, 그리고 순수한 힘을 비인간적인 세상이 앗아갔기 때문이라고 한탄한다.

제9연에 와서 워즈워스는 어린 시절의 순수함을 되찾는 일이 어렵다고 솔직히 인정한다. 그 솔직함 때문에 마치 그가 순수의 기쁨을 회복하려는 결심 자체를 포기한 것처럼 보이기도 한다. 하지만 그의 희망은 꺾이지 않는다. 그는 아름답고 순수한 때를 회상하는 것만으로도 정신적 위안과 영적인 힘을 얻을 수 있다고 믿기 때문이다. 제9연을 구체적으로 살펴보면 다음과 같다. 첫 6개 행(전체 169-174행)에서 그는 자연에서 생기있게 뛰놀던 어린 시절을 회상한다. 이어서 제8행-제11행(전체 제177-180행)에서는 그 어떤 방법으로도 그 아름다운 시절을 되돌릴 수 없다고 슬퍼한다. 그러나 후반부로 가면서 시의 분위기는 완전히 달라진다. 워즈워스는 자연 속에서 어린 시절을 회상하는 과정에서 소중한 교훈을 얻었으며, 이를 통해 자신의 영혼이 성숙했기에 슬퍼할 이유가 없다고 말한다.

그가 자연에서 배운 첫 번째 가르침은 "원초적인 공감"이다. 이성의 규범에 맞춰 사는 동안 위축된 감각과 감정을 회복함으로써, 존재에 깊이 공감할 수 있는 능력이 내재해 있음을 깨닫는다. 두 번째는 "인간의 고통"을 볼 때 저절로 떠오르는 "위로의 생각"이다. 이는 정신적·도덕적으로 성숙한 인간이 타인의 고통과 세계의 문제에 공감하고 연민을 품을 수 있다는 뜻으로, 보편적 인류애와 형제애가 인간다움의 본질이라는 워즈워스의 신념을 반영한다. 세 번째와 네 번째 교훈은 삶과 죽음의 본질을 관통하는 "신념"과 세월을 견디고 얻는 "철학적 마음"이다. 이는 인간이 자연을 통해 얻는 정신적 성숙의 최종적 단계라 할 수 있다.

워즈워스는 인간의 어린 시절을 순수하다고 찬미했지만, 제9연의 마지막 구절인 "세월이 가져다 주는 철학적 마음 속에서"를 통해 나이 듦에 대한 긍정을 담아낸다. 이는 결국 모든 인간이 나이와 관계없이 언제나 아름답고 귀한 존재임을 강조하는 것이다.

사랑의 기쁨

Only a life lived for others is worth living.
타인을 위해 사는 삶이 오직 진정한 가치가 있다.
- 알버트 아인슈타인 -

First Morning

David Herbert Lawrence

The night was a failure
but why not?

In the darkness
    with the pale dawn seething at the window
    through the black frame
    I could not be free,
    not free myself from the past, those others-
    and our love was a confusion,
    there was a horror,
you recoiled away from me.

Now, in the morning
As we sit in the sunshine on the seat by the little shrine,
And look at the mountain-walls,
Walls of blue shadow,
And see so near at our feet in the meadow
Myriads of dandelion pappus
Bubbles ravelled in the dark green grass
Held still beneath the sunshine—

It is enough, you are near—
The mountains are balanced,
The dandelion seeds stay half-submerged in the grass;
You and I together
We hold them proud and blithe
On our love.
They stand upright on our love,
Everything starts from us,
We are the source.

- ◆ seething: 빠르게 움직이는
- ◆ dandelion: 민들레
- ◆ Pappus: 씨앗 끝에 붙은 털 모양 관모

처음 맞는 아침

데이비드 허버트 로런스

밤은 실패였네
왜 아니겠나?

어둠 속에서
파리한 새벽빛이 창문의
검은 창틀 사이로 부들거리듯 번졌고
나는 자유롭지 못했네
과거로부터, 그 사람들로부터, 나 스스로 자유롭지 못했다네
우리 사랑은 혼란스러웠고
두려움에 찼었지
당신은 움츠러들어 내게서 멀어졌지

이제 아침
작은 성전 옆에 자리 잡은 우리는
햇볕 아래 앉아 벽처럼 둘러선 산들을 바라보네
거기에 드리운 푸른 그림자를 바라보네
우리 발치 그리 가까이에
초원의 무수한 민들레 깃털이
짙은 초록 풀밭에서 거품처럼 복작거리며
햇빛 아래 가만히 걸려 있는 것을 바라본다네

충분하네, 당신은 가까이 있고
산들은 균형 잡혀 있고
민들레 홀씨는 풀숲에 반쯤 가려진 채 떠있네
당신과 내가 함께
우리가 함께 그것들을 자랑스럽게 쾌활하게
우리 사랑 위에 얹네
그것들이 우리 사랑 위에서 곧게 일어서니
모든 것이 우리로부터 시작하네
우리가 시작이라네

작가 이야기: 사랑으로 깨어나는 인간다움, 데이비드 허버트 로런스

로런스(David Herbert Lawrence, 1885-1930)는 소설가로 널리 알려져 있지만, 시인으로도 뛰어난 역량을 보여 시문학사에서 그 중요성을 인정받는다. 그는 대학 시절 일찍이 시를 쓰기 시작해 꾸준히 창작을 이어갔으며, 생애 동안 총 여덟 권의 시집을 출간한다. 워낙 많은 작품을 남긴 탓에 다소 평범한 시도 있지만, 「바바리안의 용담꽃」("Bavarian Gentians"), 「뱀」("Snake"), 「피아노」("Piano") 등은 로런스 특유의 철학이 잘 드러난 뛰어난 작품으로 평가받는다.

로런스 철학의 핵심은 '생명력'(Vitality)이다. 이 철학에 따르면, 모든 존재는 그 자체로 존재할 수 있는 고유한 생명력을 지니고 있다. 이 생명력을 억압하지 않고 자유롭게 발현할 때, 존재는 비로소 온전히 살아 있는 상태가 된다. 그러나 현대 사회에서 인간의 삶은 물질 중심의 가치관과 경직된 사회 규범에 길들여져, 내면의 본래적인 활력을 상실한다. 로런스는 이러한 상태를 '죽은 삶' 혹은 '생명력을 잃은 상태'로 규정한다. 따라서 그에게 이상적인 삶은 기존의 관념 체계를 벗어나, 자연적이고 본능적인 에너지를 회복하는 순간에 이루어진다. 이러한 이유로 로런스는 생명을 원시적이며 가장 본래적인 모습으로 묘사하는 방식을 즐겨 사용한다.

전통적으로 시인들은 자연이 인간을 위로하는 존재라고 노래한다. 그러한 시에서 독자들은 자연의 평화로움과 아름다움을 경험하며 정서적 안정감을 느끼곤 한다. 그러나 로런스가 그려내는 자연은 인간의 심리적 치유 수단 이상의 기능을 한다. 그의 작품에서 인간과 자연은 경계 없이 '생명력'이라는 에너지를 주고받고, 이를 통해 인간은 본연의 자연스러운 인간성을 회복한다. 이러한 관점은 『채털리 부인의 연인』(*Lady Chatterley's Lover,* 1928)에서 채털리(Chatterley)와 산지기 멜러스(Oliver Mellors)가 대자연에서 사랑을 나누는 장면이나, 「처음 맞는 아침」("First Morning")에서 두 연인이 자연 속에서 아침을 맞는 장면에서 잘 드러난다.

로런스는 다양한 인간관계 중에서 특히 남녀 간의 관계를 중시한다. 인간의 자유를 억압하고 생명력을 소모시키는 현대 문명 속에서 인간다움을 유지하기 위해서는 남녀 간의 이상적인 관계가 반드시 필요하다고 믿기 때문이다. 그가 설정한 이상적인 이성 관계는 자유롭고 친밀해 인간의 본성을 억압하지 않고, 생명력을 북돋우어 존재의 활력을 확인시켜 주는 관계이다. 이러한 신념 때문에 그의 작품에서 성(sex)은 매우 중요한 주제 중 하나로 자리 잡는다. 그는 성을 인간의 친밀함과 자유, 그리고 원초적인 본성을 일깨우는 핵심적인 힘으로 규정하고, 이를 통해 드러나는 건강한 인간성을 작품에 담는다.

그러나 이러한 주제 의식은 당시 사회의 도덕규범과 충돌해, 그에게 많은 고초를 안겨준다. 예를 들어, 그의 소설 『무지개』(*The Rainbow*, 1915)는 외설적이라는 이유로 발간 직후 판매 금지 처분을 받았고, 『사랑에 빠진 여인들』(*Women in Love*, 1920) 역시 원고 단계에서부터 검열의 압력을 받아 일부 장면을 삭제하거나 수정한다. 특히 『채털리 부인의 사랑』은 노골적인 성 표현 탓에, 1928년 이탈리아에서 초판이 간행되었음에도, 영국과 미국에서는 외설 판정으로 금서 조치를 당한다. 1960년에 펭귄 북스(Penguin Books)가 영국에서 무삭제판을 출판하려 했을 때도 법정 공방이 벌어진다. 그 해 말 펭귄 북스가 무죄판결을 받은 후에야 비로서 이 책은 대중들에게 자유롭게 공개된다.

로런스가 활동한 시기는 모더니즘*의 시대였고, 그도 모더니즘 계열의 작가로 분류된다. 그러나 '생명 철학'이 담긴 그의 소설과 시는 다른 모더니즘 작가들의 작품과 뚜렷이 구별된다. 그의 작품은 원시적이고 신비로운 에너지, 빛과 밝음의 조화, 이상적인 인간관계의 결합을 통해 생명력을 찬미한다. 이는 많은 모더니스트들이 인간을 전체로부터 단절된 존재로 설정하고, 인간관계를 소외와 고립으로 묘사하는 경향과 대비된다. 또한 로런스는 감각적이고 정서적인 방식

* 모더니즘은 빅토리아시대의 문화·예술 전통에서 벗어난 20세기의 새로운 문예사조로, 인상주의·표현주의·상징주의·이미지즘 등이 포함된다. 1880년대에 플로베르(Gustave Flaubert), 카프카(Franz Kafka), 지드(André Gide) 등이 활동하며 태동한 후, 엘리엇(T. S. Eliot), 로런스, 울프(Virginia Woolf) 등이 합류하면서 제1차 세계대전 직후인 1920년대에 절정기를 맞는다. 모더니즘의 핵심은 문명에 대한 반감으로, 전쟁이 초래한 파괴와 허무가 이러한 경향을 더욱 심화시킨다. 모더니스트들은 주로 인간의 불안·소외·분열을 조명하고 '의식의 흐름' 등의 기법으로 문학의 새로운 지평을 연다.

으로 '생명력'을 추구해, 지성적이고 이성적인 태도를 중시하는 모더니스트들과 구분된다.

로런스의 남다른 대담한 시도 덕분에 20세기 문학은 한층 다양하고 자유로워졌고, 인간의 가장 근원적인 에너지가 사회적 담론 속에 존재하는 길이 열린다. 이런 점에서 그는 진정한 모더니스트이다.

작품 이야기: First Morning 「처음 맞는 아침」

「처음 맞는 아침」("First Morning")은 로런스가 1913년에 출간한 『사랑시와 그 밖의 시들』(*Love Poems and Others*)에 포함된 연애시로, 형식상의 제약이 없는 자유시다. 영시에서 자유시는 일정한 연 구조나 규칙적인 운율, 각운(라임) 등 고정된 형식을 따르지 않는 시를 말한다.

'생명'을 작품 세계의 핵심 원리로 삼은 로런스에게 이전 시대의 규칙은 자유로운 상상력을 방해하는 것일 뿐이다. 더구나 그는 교육이라는 미명 하에 인간에게 '생명 없는 지식'을 주입하고 규범으로 옭아매는 것을 극도로 혐오한다. 따라서 로런스가 자유시 형식을 추구하는 것은 매우 자연스러운 귀결이다. 그는 자유시를 '정신과 육체가 한꺼번에 솟아나는 것, 순간적이며 힘차고 빠른 것, 미래와 과거의 원천, 그래서 항상 내면에서 솟아나는 규칙'이라고 표현한다.[5] 이는 자유시가 전인적 인간성과 내적 생명력을 닮았다는 믿음을 분명하게 드러낸다.

로런스의 첫 사랑은 15세 무렵의 친구 제시 체임버스(Jessie Chambers)이다. 그녀를 향한 마음은 말 그대로 첫사랑에 그친다. 그의 인생을 뒤흔든 관계는 1912년 프리다 위클리(Frieda Weekley)와의 운명적인 만남에서 시작한다. 당시 프리다는 대학교수 어니스트 위클리(Ernest Weekley)의 아내였다. 두 사람 사이에는 이미 세 자녀가 있었고, 어니스트는 로런스의 스승이기도 했다. 그럼에도 로런스와 프리다는 열정적인 사랑에 빠져 그녀의 모국인 독일로 사랑의 도피를 감행한다. 1914년 프리다가 어니스트와 이혼한 뒤 두 사람은 마침내 결혼하지만, 프리다는 외도한 사실로 인해 세 자녀를 다시는 만나지 못한다.

「처음 맞는 아침」에 등장하는 여인을 프리다라고 단정할 수는 없지만, 시기가 맞물리는 점에서 그녀일 가능성이 크다. 첫 두 행에서 화자는 지난 '밤'을 "실패"라고 규정한다. 이어지는 "왜 아니겠나?"는 실패가 당연하다는 의미를 담고 있다. 그 이유는 그때가 '밤'이었기 때문이다. 로런스를 '성의 작가'라고 규정한다고 해서, 남녀가 함께하는 모든 '밤'을 그의 '생명' 철학에서 말하는 이성 간의 결합, 혹은 생명의 시간으로 곧장 연결하는 것은 오해이다. 그런 해석은 그의 성 개념을 포르노그래피적으로 축소하는 격이다.

로런스에게 '밤'은 어둠이며, 빛의 반대이고, 죽음의 시간이다. 그가 밤의 상태를 묘사하기 위해 "실패"라는 단어를 선택한 것만 보아도 알 수 있다. "실패"는 결핍, 고장, 신체 기능의 부전 등 모든 생명력의 결여 상태를 포괄한다. 생명력은 인간을 가장 인간답게 만드는 에너지이기에 언제나 자유와 함께 한다. 따라서 생명력이 결핍되었거나 기능이 멈춘 '밤'의 시간에 그들이 자유로울 수는 없다. "밤"은 그저 그들의 자유를 억압하는 과거의 그림자일 뿐이다. 그때 그들 옆에는 "그 사람들"이라 불리는 타인들이 있었고, 그들 때문에 여자는 사랑하는 남자와 함께 있어도 겁먹고 움추러들었다. 이는 로런스와 사랑의 도피를 감행하면서 프리다가 세간의 비난에 위축되었던 현실을 상기시킨다.

밤이 지나고 아침이 오자 모든 것이 변한다. "아침"은 만물에 새로운 생명력을 불어넣는다. 두 연인은 아침 햇살을 받으며 주변의 산들을 바라본다. 시 속의 "벽"은 높은 산들이 병풍처럼 빙 둘러친 모습을 비유한 것이다. 산은 웅장하지만, 그 크기로 그들을 압도하거나 억누르지 않는다. 오히려 "균형" 잡힌 모습으로 완전한 자연성을 드러낸다. 그들 발치에는 세상의 근심에서 벗어난 두 연인의 마음을 대변하듯, 민들레 홀씨가 가볍게 날아다닌다. 두 사람은 자연의 일부가 된 듯 한가롭고 자유롭다.

로런스는 현실의 근심과 미래의 두려움에도, 사랑하는 사람과 햇빛 밝은 아침을 함께 맞으라고 말한다. 그러면 마치 어둠이 사라지듯 마음속의 그늘이 한순간에 흩어지고, 가장 찬란하고 생명력 넘치는 존재로 거듭날 것이라고 설득한다. 이러한 믿음과 찬미가 로런스의 시를 오늘날에도 여전히 생생하게 살아 숨 쉬게 만드는 힘이다.

How Do I Love Thee?

Elizabeth Barrett Browning

How do I love thee? Let me count the ways.
I love thee to the depth and breadth and height
My soul can reach, when feeling out of sight
For the ends of being and ideal grace.

I love thee to the level of every day's
Most quiet need, by sun and candle-light.
I love thee freely, as men strive for right.
I love thee purely, as they turn from praise.

I love thee with the passion put to use
In my old griefs, and with my childhood's faith.
I love thee with a love I seemed to lose

With my lost saints. I love thee with the breath,
Smiles, tears, of all my life; and, if God choose,
I shall but love thee better after death.

- thee: 너, 그대 (you의 옛 형태)
- sun and candle-light: 낮과 밤
- right: 인간의 자연권, 타고난 권리
- they turn from praise: 칭찬을 외면하다

그대를 얼마나 사랑하냐고요 엘리자베스 배럿 브라우닝

그대를 얼마나 사랑하냐고요? 나의 사랑은 이렇답니다
나는 당신을 사랑합니다
내 영혼이 닿을 수 있는 지극히 먼 곳까지
보이지 않는 존재의 의미와 은총의 이상을 느끼는 순간까지

나는 당신을 사랑합니다
낮이나 밤이나 하루하루 조용한 필요를 채우듯
사람들이 권리를 추구하듯 자유롭게 당신을 사랑합니다
사람들이 칭찬에 겸손하듯 순수하게 당신을 사랑합니다

나는 당신을 사랑합니다 내 오랜 슬픔에 쏟았던 열정과
어린 시절 지녔던 믿음과 잃어버린 성자들을 향해 품었던
그 사랑을 모두 모아 당신을 사랑합니다

내 삶의 모든 숨결과 미소와 눈물로
당신을 사랑합니다 만약 신이 허락하신다면
죽은 후에도 그대를 더 깊이 사랑하겠습니다

작가 이야기: 영원한 사랑을 시로 남기다, 엘리자베스 배럿 브라우닝

엘리자베스 배럿 브라우닝(Elizabeth Barrett Browning, 1806-1861)은 19세기 시문학사에서 상당한 위치를 차지하는 시인이다. 여성었음에도 당대에는 테니슨(Alfred Tennyson)과 함께 계관시인(a poet laureate-국가를 대표해 공식 행사에서 시를 쓰고 낭송하는 시인) 후보로 거론될 만큼 평단의 호평과 대중적 인기를 동시에 누렸다. 또한 현재는 영문학의 정전에 드는 작품을 쓴 최초의 여성 시인으로 기록될 만큼 중요하게 평가받는다.[6] 그녀의 시는 19세기 영국 시를 다루는 주요 편람에 반드시 수록되며, 19세기 여성 시인 중에서 그만한 비평적 조명과 대중적 인지도를 갖춘 시인은 크리스티나 로제티(Christina Rossetti) 뿐이다.

엘리자베스는 어린 시절 말에서 떨어져 척추를 다친 뒤 오랫동안 침대에서 생활한다. 고통을 달래기 위해 심지어 아편까지 복용했기 때문에 그 후유증으로 평생 고생한다. 다행히 그녀의 재능을 아끼고 발전시키려 애쓴 부모 밑에서 어린 나이부터 시를 쓰며 삶의 슬픔을 달랜다. 하지만 그녀도 나이가 들면서 점차적으로 여성으로서의 한계와 사회적 역할을 자각한다.

그녀의 대표작 『오로라 리』(*Aurora Leigh*)는 "여자가 시인이 되는 것은 여성의 통상적 사회역할을 벗어나는 일인 동시에 남성에게만 허용된 지적 영역을 침범하는 일"이라는 당시의 통념을 인용한다.[7] 이는 여성을 비지성적인 존재로 간주하고 제한된 역할만을 강요하는 당대 문화에 일침을 가한 것이다. 나아가 그녀는 다양한 사회문제에도 관심을 기울인다. 「아이들의 비명」("The Cry of the Children")과 같은 시는 공장과 광산에서 어린이들을 혹사시키는 현실을 고발하며, 시를 사회 정의의 목소리로 확장한 예이다.

그럼에도 엘리자베스를 떠올릴 때 가장 먼저 회자되는 것은 로버트 브라우닝(Robert Browning, 1812-1889)과의 사랑 이야기다. 두 사람을 두고 "영문학 사상 가장 아름답고 로맨틱한 러브스토리의 주인공"이라고 평하는 이가 있을 정도이다.[8] 엘리자베스는 어른이 되어서도 어린 시절에 얻은 병으로 고통받는다. 자연스레 그녀의 삶은 일반적인 상류층 아가씨들과 다르게 펼쳐진다. 조용히 집에서 시를 쓰며 은둔하는 삶을 사는 그녀에게, 그녀의 시에 깊이 감동한 로버트가 팬레터를 보낸다. 로버트는 그녀보다 6살이나 연하였고, 당시에는 전망이 불투명한 문학청년에 불과했다. 그럼에도 두 사람은 1845-46년 사이에 무려 570통의 연애편지를 주고받는다. 두 사람의 사랑이 얼마나 열렬했는지를 알 수 있다.

하지만 엘리자베스의 아버지는 두 사람의 관계를 반대한다. 로버트가 그녀의 건강을 제대로 보살피지 못할 것이라는 걱정과 더불어, 로버트의 신분이나 문학적 명성이 그녀에 비해 미약한 것도 마음에 들어하지 않는다. 결국 두 사람은 1846년 비밀리에 결혼한 뒤 이탈리아로 떠난다. 그녀의 아버지는 끝내 그 둘을 용서하지 않았고, 이로 인해 그녀는 사망할 때까지 영국으로 돌아오지 못한다.

로버트는 그녀 곁을 극진히 지키며, 창작 활동을 응원한다. 이 과정에서 두 사람의 문학 세계는 더욱 깊어간다. 결혼 전에 의사는 그녀가 오래 살지 못할 것이라고 진단했지만, 그 예상과 달리 그녀는 15년 동안이나 행복한 결혼 생활을 이어간다. 1861년 그녀가 피렌체에서 로버트의 보살핌을 받으며 눈을 감았을 때, 그녀 나이 55세였고 로버트는 49세였다. 그녀가 사망한 후 로버트는 영국으로 돌아와 시인으로서 큰 명성을 누리지만, 재혼하지 않고 평생 독신으로 지낸다.

두 시인의 일생을 건 사랑이 시를 통해 아름답게 펼쳐지기 때문에 엘리자베스의 사랑시는 더욱 강한 울림을 준다. 특히 결혼 전에 로버트를 위해 쓴 소네트를 모아 출간한 『포르투갈에서 온 소네트』(*Sonnets from the Portuguese*)는 수록된 44편 모두가 아름다워 어느 한 편만을 더 아름답다고 꼽기 어려울 정도다. 애초에 이 시집은 엘리자베스가 출판을 반대했으나 로버트의 설득 끝에 세상에 나온다. 로버트는 자신이 받은 사랑을 세상에 널리 알리고 싶어 했지만, 엘리자베스는 시에 담긴 개인적인 이야기를 공개하는 것을 부끄러워했다고 한다.

이에 로버트는 번역 시집처럼 보이는 제목을 선택해 그녀의 정체를 감추어 준다. 그럼에도 '포르투갈'이라는 단어는 그녀를 향한 깊은 애정을 여실히 드러낸다. 피부가 다소 검은 편인 엘리자베스를 로버트가 평소 '작은 포르투갈인'(Little Portuguese)이라는 애칭으로 불렀기 때문이다.[9] 이렇게 탄생한 『포르투갈에서 온 소네트』는 두 사람의 사랑을 가장 순도 높게 담아낸 시집으로 남아, 오늘날까지도 사랑시의 고전으로 평가받는다.

작품 이야기: How Do I Love Thee? 「그대를 얼마나 사랑하냐고요」

엘리자베스 브라우닝의 「그대를 얼마나 사랑하냐고요」("How Do I Love Thee?")는 1850년 출간된 『포르투갈에서 온 소네트』의 제43번 소네트로, 전통적인 이탈리아(페트라르카)식 소네트 형식을 따른다. 소네트는 13세기 이탈리아에서 시작해 페트라르카(Petrarch)에 의해 형식이 확립되었으며, 16세기에 영국으로 전해져 셰익스피어식(Shakespearean)과 스펜서식(Spenserian) 등으로 다양하게 발전한다. 그 가운데 이탈리아식 소네트도 꾸준히 시인들의 사랑을 받았으며, 엘리자베스 배럿 브라우닝의 시 역시 그 전통에 속한다.

이 시는 소네트의 기본형식에 따라 총 14행으로 구성되었으며, 라임 구조는 abba abba cde cde이다. 전반부 8행(octave)에서는 각운 구조에 따라 의미 단위가 구분되는 것과 달리, 후반부 6행(sestet)은 정확하게 3행씩으로 의미 구분이 되지 않는다(한글 버전은 3행씩으로 의미 조정). 이는 이탈리아식 소네트를 쓰는 시인들이 종종 형식에 변화를 주어 여유롭게 의미를 전개하는 방식 중 하나이다.

제1연(원래 연 구분이 없는 시이며 독자의 이해를 위해 구분)은 시인이 연인에게 받은 질문을 재확인하는 것으로 시작한다. 이는 이후 시인이 들려 줄 모든 이야기가 연인에게 들려줄 고백이라는 것을 분명히 한다. 이어서 시인은 연인을 어떻게, 그리고 얼마나 사랑하는지를 조목조목 말하기 시작한다. 먼저 제2-4행은 영혼이 닿을 수 있는 무한까지 연인을 사랑한다는 의미를 담고 있다. 여기서 "지극히 먼 곳"은 '가장 깊고 넓고 높은 곳'으로도 번역되며 공간의 3차원적 범위가 아니라, 무한한 초월적 차원을 가리킨다. "존재의 의미"와 "은총의 이상"(혹은 이상적인 아름다움)은 형이상학적이고 종교적인 관념과 연결된다. 또한 영혼이 무한에 닿을 수 있다는 생각은 낭만주의적 초월 관념과 맞닿아 있다.

제5-6행은 사랑을 일상의 영역으로 끌어온다. 그녀는 사소하고 하찮은 일상의 순간들 속에서도 밤낮을 가리지 않고 연인을 사랑한다고 고백한다. 제7행은 인간에게 자유 추구가 당연한 권리이듯이, 그녀가 로버트를 사랑하는 것도 당연한 일이라고 말한다. 프랑스 혁명의 자유 사상과 천부인권 관념이 영국에 와서 자유주의와 개인주의라는 시대정신으로 자리 잡았음을 보여주는 대목이다. 제8행은 "칭찬에 겸손"한 모습과 "순수"를 연결한다. 당시에는 체면과 예의를 중시하는 분위기 때문에 겸손을 중요한 덕목으로 꼽았다. 또한 "순수"는 '타락하지 않았음'을 보여주는 덕목으로 여겨졌다. 이 때문에 여성과 아동의 미덕을 찬미하는 장면에서 겸손과 순수가 자주 언급되었으며, 제8행도 그러한 연장 선상에 있다.

제3연에 해당하는 제9-11행(영어 시에서는 제12행 전반까지)에서 그녀는 과거에 가졌던 열정을 모두 끌어모아 연인을 사랑한다고 표현한다. 그녀가 과거에 가졌던 열정은 "오랜 슬픔"과 어린 시절의 "믿음", 그리고 옛 "성자들"에 대한 헌신이다. 이를 통해 그녀는 어린 시절에는 신앙심이 깊었으나 지금은 그렇지 않다는 뜻을 은근히 내비친다. 그녀가 오랜 세월 지병으로 고통받은 것을 상기하면, 그녀의 삶이 간절한 기도와 응답 없는 신에 대한 실망의 연속이었을 것이라고 짐작된다. 더해서 세속주의의 영향으로 종교에 더 이상 절대적 가치를 부여하지 않는 시대적 분위기도 반영되었다.

마지막 연의 제12행(영어 시에서는 제12행 후반부터)에서 그녀는 과거에서 현재로 돌아와, 자신의 삶의 모든 순간 연인을 사랑한다고 고백한다. 한발 더 나아가 제13행부터는 죽은 후에도 더욱 사랑하겠다고 다짐한다. 앞서 그녀의 신앙심이 옅어진 듯 보였지만, 죽음 이후의 문제는 신의 뜻에 맡길 수밖에 없다는 인식이 담겨 있다.

결국 이 시는 영혼과 일상, 인간의 권리와 시대의 미덕, 과거의 정념에서 미래의 운명에 이르기까지, 한 인간을 규정하는 모든 존재 조건을 망라해 연인을 사랑한다는 극한의 고백이다. 이런 이유로 이 시는 비록 19세기의 산물이지만 오늘날까지도 보편적 울림을 준다.

사랑의 아픔

The most painful thing is losing yourself in the process of loving someone too much, and forgetting that you are special too.
가장 고통스러운 일은 누군가를 사랑하면서 자신를 잃어 버리고
자신이 특별한 존재임을 잊는 것이다.
- 어니스트 헤밍웨이 -

Annabel Lee

Edgar Allan Poe

It was many and many a year ago,
  In a kingdom by the sea,
That a maiden there lived whom you may know
  By the name of Annabel Lee;
And this maiden she lived with no other thought
  Than to love and be loved by me.

I was a child and she was a child,
  In this kingdom by the sea,
But we loved with a love that was more than love—
  I and my Annabel Lee—
With a love that the wingèd seraphs of Heaven
  Coveted her and me.

And this was the reason that, long ago,
  In this kingdom by the sea,
A wind blew out of a cloud, chilling
  My beautiful Annabel Lee;
So that her highborn kinsmen came
  And bore her away from me,
To shut her up in a sepulchre
  In this kingdom by the sea.

The angels, not half so happy in Heaven,
  Went envying her and me—
Yes!—that was the reason (as all men know,
  In this kingdom by the sea)
That the wind came out of the cloud by night,
  Chilling and killing my Annabel Lee.

But our love it was stronger by far than the love
  Of those who were older than we—
  Of many far wiser than we—
And neither the angels in Heaven above
  Nor the demons down under the sea
Can ever dissever my soul from the soul
  Of the beautiful Annabel Lee;

For the moon never beams, without bringing me dreams
  Of the beautiful Annabel Lee;
And the stars never rise, but I feel the bright eyes
  Of the beautiful Annabel Lee;
And so, all the night-tide, I lie down by the side
  Of my darling—my darling—my life and my bride,
  In her sepulchre there by the sea—
  In her tomb by the sounding sea.

◆ seraphs: 치품천사(구품 천사 가운데 가장 높은 천사)
◆ coveted: 탐내는
◆ sepulchre(sepulcher): 무덤, 지하 매장소 (옛글투)

애너벨 리 　에드가 앨런 포

아주 여러 해 전에
　바닷가 왕국에
당신이 애너벨 리라는 이름으로
　알았을 한 소녀가 살았네
그 소녀는 날 사랑하고 나의 사랑을
　받는 것만 생각하며 살았네

나도 아이였고 그녀도 아이였네
　바닷가 왕국에서
우리는, 나와 애너벨 리는
　사랑 이상의 사랑으로
하늘의 날개 달린 천사들조차
　그녀와 나를 시샘하는 그런 사랑을 했다네

그것이 이유였다네
　오래전 바닷가 왕국에
구름에서 불어온 바람이
　나의 아름다운 애너벨 리를 싸늘하게 했네
그녀의 고귀한 친척들이 찾아와
　내게서 그녀를 빼앗아 갔네
그녀를 바닷가 왕국에 있는
　무덤에 가둬버렸네

천사들은 하늘에서 우리 반만큼도 행복하지 않아
　그녀와 나를 질투하였네
그래! 그것이 이유라네
　(바닷가 왕국에선 모두가 알았네)
밤에 구름에서 불어온 바람이
　나의 애너벨 리를 싸늘케 하더니 죽게 했네

그러나 우리의 사랑은
　우리보다 늙은 사람의 사랑보다
　우리보다 현명한 사람들의 사랑보다 훨씬 강하다네
저 위에 있는 하늘의 천사도
　바다 저 아래 있는 악마도
아름다운 애너벨 리의 영혼과
　나의 영혼을 떼어놓을 수 없다네

아름다운 애너벨 리의 꿈속으로
　내가 들어가야만 달빛이 비치네
아름다운 애너벨 리의 빛나는 눈동자를
　내가 느껴야만 별이 뜬다네
그래서 온밤 내내 나는 내가 사랑하는
　나의 사랑, 나의 삶, 나의 신부 옆에 누웠네
　바닷가 그곳 그녀의 무덤가에
　철썩이는 바닷가 그녀의 무덤가에

작가 이야기: 어둠과 아름다움의 시인, 에드가 알렌 포

포(Edgar Allan Poe, 1809-1849)의 부모는 유랑극단에서 활동하던 배우였으며, 두 사람 모두 포가 어릴 때 결핵으로 세상을 떠난다. 포가 부모에게서 물려받은 것이 있다면, 예술적 기질과 불안정한 심리, 그리고 짧은 수명 뿐이다. 그의 중간 이름 앨런(Allan)은 양아버지 존 앨런(John Allan)의 이름을 딴 것이다. 7세에서 11세까지는 양부와 함께 영국에서 잠시 생활한 것으로 보아, 어린 시절에는 양부와 관계가 원만했던 듯하다.

포는 14세 무렵 친구의 어머니에게 연정을 품어, 그로부터 8년 뒤 그 사랑을 회상하며 「헬렌에게」("To Helen")라는 시를 쓴다. 사춘기 시절 그는 조숙했고, 감정의 격동을 심하게 앓는다. 고등학교 시절부터 술을 마시고, 대학에 진학한 뒤에는 도박에도 손을 대어 양부와의 관계가 악화된다. 양어머니가 사망 직전에 유언으로 두 사람이 화해하길 바란다는 당부를 남겼기에 잠시나마 두 사람의 관계가 회복된다. 포는 양부의 뜻에 따라 웨스트포인트 육군사관학교에 입교하지만 규율에 적응하지 못해 결국 퇴교한다. 이를 계기로 양부와도 완전히 의절한다. 양부가 꽤 부유한 상인이었기 때문에 이 관계만 잘 유지되었어도 포의 삶은 전혀 다른 궤적을 그렸을 것이다.

포의 삶이 일반적인 범주를 벗어났듯 그의 문학 역시 일반적인 기준에서 크게 벗어나 있다. 그가 활동하던 시기의 주류 문예사조는 낭만주의이다. 영국의 낭만주의가 산업혁명에 대한 반발로 성장했다면, 미국의 낭만주의는 민주주의와 맞물려 발전한다. 평범한 개인을 찬미하는 특성이 미국의 건국 이념과 잘 맞았고 미지의 세계를 추구하는 특성이 개척정신과 잘 어울렸기 때문이다. 포도 크게 보아 낭만주의 범주에 속하지만 그 스펙트럼의 가장 극단에 위치한다.

포는 단편소설, 시, 문학비평에서 골고루 탁월한 재능을 발휘했지만, 특히 단편소설에서 문학사에 뚜렷한 족적을 남긴다. 1843년에 출간한 「검은 고양이」("The Black Cat")는 초현실적 설정 속에서 기괴하고 어두운 분위기, 인간의 공포와 죄의식을 밀도 있게 묘사하여 심리소설의 면모를 잘 보여준다. 같은 해에 발표한 「황금 벌레」("The Gold-Bug")는 시적 상상력과 수학적 추리력을 결합해 암호를 해독하며 보물을 찾는 과정을 그려 추리소설의 특징을 드러낸다. 두 작품 모두 인간의 감정과 감성에 기대어 독자의 호기심과 상상력을 자극한다는 점에서 낭만주의 계열에 속하지만, 동시에 각각 심리 공포소설과 추리소설 장르의 효시로 평가받는다.

반면에 포의 시는 시라는 장르가 본질적으로 갖는 심미적 아름다움과 음악성에 주안점을 둔다. 넓게 보아 음악성 역시 아름다움의 한 요소이므로, 그의 시는 곧 아름다움 그 자체를 지향했다고 볼 수 있다. 하지만 청교도 정신에 뿌리를 둔 교훈적 작품을 선호하던 당시 미국 사회에서 그의 예술지상주의는 환영받지 못한다. 진취적인 민주주의를 지향하는 문학 환경 역시 그의 음울하고 비현실적인 시 세계를 긍정적으로 평가하지 않는다.

뜻밖에도 1850년대 후반 프랑스 시인 보들레르(Charles Baudelaire)가 그의 시를 번역해 소개한 후, 프랑스 문단에서 큰 환영을 받는다. 그들은 포의 시에 담긴 신비로운 상징, 인간 내면의 어두움, 그리고 심리 탐구에 완전히 매료된다. 실제로도 프랑스 상징주의에 미친 포의 영향은 상당한 것으로 평가된다. 이후 영국과 미국도 유럽 대륙에서의 높은 관심에 자극받아, 그를 다시 조명하기 시작한다. 오늘날 포는 휘트먼(Walt Whitman, 1819-1892) 이전의 미국 시를 대표하는 중요 시인으로 인정받는다.

세월이 흐르면서 포는 천재적 재능, 불행한 삶, 기행, 이른 죽음 등이 어우러져, 하나의 신화가 된다. 그의 장례식에는 채 열 명도 참석하지 않았지만, 약 25년 후 팬들의 모금으로 그의 묘지는 눈에 잘 띄는 곳으로 옮겨지고 묘비도 새로 세워진다. 2022년 넷플릭스에 공개된 영화 <페일 블루 아이>(*The Pale Blue Eye*)는 포의 삶과 문학에서 '사관생도'와 '탐정 소설'이라는 키워드를 차용해 상상적으로 재구성한 작품이다. 포의 작품 세계만큼이나 어두운 분위기의 이 영화는 개봉 후 여러 주 동안 넷플릭스 세계 랭킹에 오른다.

오늘날 포는 작품뿐 아니라 삶까지도 그를 흠모하는 사람들의 상상 속에서 끊임없이 재창조되고 사랑받는 인물이 되었다.

작품 이야기: Annabel Lee 「에나벨 리」

「애너벨 리」("Annabel Lee")는 포의 시 가운데 「갈까마귀」("The Raven")와 더불어 가장 널리 알려졌고 오랫동안 사랑받은 작품이다. 또한 포가 살아 생전 쓴 마지막 시이다.

시는 총 6연으로 이루어져 있으나 연마다 행의 수는 다르다. 그럼에도 리듬은 비교적 규칙적이며, 긴 행과 짧은 행이 교차하는 흐름이 끝까지 유지된다. 이러한 구성은 포가 시에서 음악성을 매우 중시한 것에서 비롯된다. 반면에 각운은 상당히 자유로운 편에 속한다. 포가 활동하던 19세기 초는 아직 자유시가 보편화되지 않은 때이다. 이를 고려하면 각운에서 드러나는 파격 역시 그의 개성과 창의성을 보여주는 예이다. 만약 포가 규칙을 따르는 성향이었다면 사관학교를 무사히 졸업하고 전혀 다른 삶을 살았을 지도 모른다.

이 시는 포와 그의 아내 버지니아(Virginia Clemm Poe)의 사랑 이야기를 담은 것이다. 그는 1836년 27세의 나이에 당시 13세인 사촌 여동생 버지니아와 결혼한다. 나이 차이와 근친 때문에 두 사람의 결혼은 상당한 반대와 비난에 부딪힌다. 하지만 그것이 두 사람을 더욱 강하게 결속시키고 서로에게 깊이 의지하게 만든다.

제2연에서 "아이"라는 표현은 두 사람이 결혼했을 당시 버지니아의 나이를 떠올리게 한다. "날 사랑하고 나의 사랑을 / 받는 것만 생각하며 살았네"라는 구절은 버지니아의 순수하고 완전한 헌신을 보여준다. 따라서 "아이"라는 표현에는 버지니아의 계산 없는 사랑과 헌신이 어린 나이의 순수함에서 비롯되었다는 암시가 담겨 있다. 더해서 포는 27세였던 자신마저 "아이"라고 지칭함으로써, 자신 역시 그녀처럼 오직 순수한 사랑을 했다고 강조한다. 이를 통해 그는 세간의 비난을 받았던 두 사람의 관계를 한층 더 특별한 사랑으로 승화시킨다.

포의 삶에서 가장 빛나고 풍요로웠던 시기는 아내 버지니아와 함께 했던 시간이다. 이는 당시 그가 남긴 문학적 성과에서도 확인된다. 실제 포의 문학 경력에서 가장 중요하고 의미 있는 작품 대부분은 1836년 두 사람이 결혼한 해부터 1847년 버지니아가 세상을 떠나기까지, 약 11년 동안 완성된다. 버지니아의 사랑이 그에게 상상력과 창조력의 원천이 된 것이다. 그러나 동시에 버지니아의 오랜 투병 생활은 그에게 그녀의 죽음에 대한 두려움과 불안을 심화시킨다. 가난 역시 그의 실존적 고통을 키운다. 이로 인해 그의 작품 세계는 한층 어둡고 비극적이 된다.

버지니아의 죽음 이후 포는 그녀의 무덤가 인근에 있는 오두막을 빌려 지낸다. 그곳에서 그는 술과 아편에 의지하고 세상을 떠난 버지니아가 있는 곳으로 가기 위해 자살을 시도하기도 한다. 제6연에서 "그녀의 무덤가에" 누웠다는 표현은 이러한 실제 경험을 반영한다. 무덤, 죽은 자의 공간, 밤, 그리고 어둠은 포의 시에 반복적으로 등장하는 이미지로, 그의 시 세계를 음울하게 만드는 중요한 요소들이다.

버지니아는 어둡고 고단한 포의 삶에서 유일한 빛이었다. 그 때문인지 「애너벨 리」는 전반적으로 어둡고 우울한 분위기임에도 매우 낭만적이고 아름답게 느껴지는 독특한 시이다. 이는 포가 순수한 사랑과 꿈을 세심하게 그려내고, "애너벨 리"라는 이름을 반복해 경쾌한 음악성을 불어넣었기 때문이다. 더해서 "애너벨 리의 빛나는 눈동자"와 같은 표현이 마치 시 전체에 밝은 빛을 비추는 듯한 느낌을 안겨준 덕분이기도 하다.

버지니아를 잃은 뒤 포는 새로운 삶을 살기 위해 노력한다. 여러 여인을 만나고 술에 의지하기도 하지만, 끝내 행복을 찾지 못한 채 세상을 떠난다. 오늘날 그의 결혼 이야기를 들으면 버지니아의 어린 나이와 근친혼 때문에 눈살을 찌푸릴지도 모른다. 그럼에도 많은 이들이 「애너벨 리」를 읽으면 감동한다. 그것이 바로 이 시가 지닌 힘이다.

A Broken Appointment

Thomas Hardy

You did not come,
And marching Time drew on, and wore me numb,—
Yet less for loss of your dear presence there
Than that I thus found lacking in your make
That high compassion which can overbear
Reluctance for pure lovingkindness' sake
Grieved I, when, as the hope-hour stroked its sum,
You did not come.

You love not me,
And love alone can lend you loyalty;
-I know and knew it. But, unto the store
Of human deeds divine in all but name,
Was it not worth a little hour or more
To add yet this: Once you, a woman, came
To soothe a time-torn man; even though it be
You love not me?

◆ make: 사람의 성격 혹은 본성
◆ the hope-hour: 약속 시간

깨져버린 약속 　토머스 하디

　　당신은 오지 않았지요
시간은 무정히 흘러 내 온몸을 굳게 했지요
그러나 내가 슬픈 까닭은
사랑스런 당신의 부재 때문이 아니랍니다
그로 인해 당신의 성품에 순수한 자애로움으로
망설임마저 이겨내는 숭고한 연민이 없음을 알았기 때문이랍니다
약속의 시간이 다 되어 시계가 마지막을 알리는 데
　　당신은 오지 않았지요

　　당신은 나를 사랑하지 않았지요
오직 사랑만이 당신에게 신의를 줄 수 있지요
나는 그것을 이미 알았고 지금도 알고 있답니다
하지만 신성하다 불러도 될 만한 수많은 인간의 행위들,
그 거룩한 업적들 속에 잠시 시간을 내어
이것 하나쯤 더 보탤 만하지 않았을까요?
한때 당신이라는 여인이 찾아와
세월에 찢긴 남자를 달래었다는 사실을요, 비록
　　당신은 나를 사랑하지 않았지만요

작가 이야기: 운명 앞에서 사랑과 슬픔을 노래한 시인, 토머스 하디

토머스 하디(Thomas Hardy, 1840-1928)는 당시 기준으로 보면 상당히 장수한 인물이다. 그 긴 생애 동안 그는 단 한 번도 발전을 멈추지 않고 자신의 삶을 개척해 나간다.

그의 첫 진로는 건축업이다. 아버지 토머스 하디 시니어(Thomas Hardy Sr.)가 석공이자 건축업자인 것에 영향을 받은 것이다. 하디는 건축업에 몸담고 얼마 되지 않아 상당한 두각을 나타낸다. 1863년에는 직접 공모한 건축 설계도로 영국 건축 협회(British Architects Institute)에서 수여하는 타이트상(Tite Prize)을 받고, 1865년에는 유력한 건축 전문지 『체임버스 저널』(*Chamber's Journal*)에 건축이론에 관한 글을 발표한다.

하디가 촉망받던 건축가의 길을 접고 소설가의 길로 들어선 것은 30세 무렵이다. 새로운 길을 시작하기에 여러모로 무리였지만, 그는 두문불출하며 집필에 전념한다. 1871년 발표한 첫 장편소설 『필사적인 조치』(*Desperate Remedies*)는 대중적으로 큰 성공을 거두지 못하지만, 평단의 호평을 받으며 작가로서의 잠재력을 보여준다. 그 후에도 꾸준히 작품 활동을 이어가, 마침내 대중적 명성까지 얻기에 이른다.

평생 20여 편이 넘는 장편소설을 남겼지만, 그를 세계적인 작가로 만든 작품은 1891년에 출간한 『더버빌가의 테스』(*Tess of the d'Urbervilles*)와 1896년에 출간한 『무명의 주드』(*Jude the Obscure*)이다. 이 두 작품은 하디에게 대중적 명성과 큰 경제적 성공을 안겨주지만, 동시에 그 속에 담긴 도덕적 파격과 사회비판 때문에 거센 비난을 불러온다. 이로 인해 그는 깊은 상처를 받고 더 이상 소설을 쓰지 않게 된다.

이후 하디는 시인으로 활동한다. 그의 시 세계 역시 소설과 마찬가지로 비극적 운명과 회의적인 세계관이 지배적이지만, 시에서는 이를 보다 압축적이고 상징적인 방식으로 표현한다. 이것이 염세적인 세기말 분위기에 편승해 크게 환영받는다. 하디는 소설로는 받지 못했던 호평을 시를 통해 받는다. 그의 시 대부분은 60세 이후에 발표되었으며, 특히 많은 사랑을 받은 서정시는 74세 이후에 출판된 것들이다. 시인으로서 명성이 높아지면서, 그의 소설 또한 재평가된다. 변화와 전환을 두려워하지 않고 삶을 주도적으로 이끌어 온 하디의 일생이 결국 긍정적인 결실로 이어진 것이다.

하디의 문학세계는 시와 소설을 막론하고 일관되게 비관주의적 색채를 띤다. 이를 가장 잘 설명하는 비평 용어가 바로 '맹목적 의지'(Immanent Will)다. '내재하는 의지'라고 번역되기도 하는 이 개념은 인간의 운명을 좌우하는 우주적 힘을 뜻한다. 기독교의 신과 달리 이 힘은 인격이나 도덕률이 없으며, 비정하고 무책임하게 강력한 힘을 행사한다. 말하자면 '의지 없는 의지'인 셈이다. 그 결과 인간의 운명은 우연이나 사고, 혹은 운수에 의해 휘둘린다. 의지를 갖고 노력했던 모든 일은 이 무자비한 힘 앞에서 한순간에 무너진다. 좌절, 슬픔, 죽음 만을 강조하는 이 세계관은 빅토리아시대 말기에 퍼져 있던 낙관적 진보주의의 허상을 날카롭게 비판한다.

그럼에도 하디는 자신을 "세계 개선론자"라고 부른다. 그는 인간의 선한 의지가 꺾이지 않고 끝내 구현되며, 그 노력이 보상받는 세상을 희망한다. 그의 문학세계는 어둡고 암담하며 인간에게 비우호적인 현실을 주로 그리지만, 동시에 현실을 사실적으로 재현한다는 점에서 사실주의(리얼리즘) 또는 자연주의로 분류된다.*

* 사실주의는 19세기 후반까지도 강한 영향력을 발휘했던 낭만주의와 빅토리아시대의 낙관·진보주의에 반대하는 문예사조이다. 한 차원 높은 이상을 추구하는 대신에, 현실의 가까운 곳과 낮은 곳에 주목하며 희망 없는 세계를 냉정하게 고발한다. 이 때문에 작가의 감정을 최대한 배제하고, 평범한 사람이나 하층민의 시련·갈등·사랑·죽음을 객관적으로 묘사하는 것이 특징이다. 자연주의는 사실주의와 비슷하지만, 과학적 관찰과 실험을 통해 인간과 사회를 해부하듯 묘사하는 것이 주요 특징이다. 특히 영국 자연주의는 인간의 추악한 본능, 불행으로 예정된 운명, 사회의 냉혹한 심판자 역할 등을 강조한다.

작품 이야기: A Broken Appointment 「깨져버린 약속」

시인 하디는 새로운 형식을 실험하기보다는 전통적인 운율법에 따라 짧은 시를 짓는 것을 선호한다. 「깨져버린 약속」("A Broken Appointment")은 이러한 특징을 잘 보여주는 시이다. 이 시의 각운은 두 연 모두에서 aabcbcaa가 정확하게 지켜진다.

시행의 배열을 보면 각 연의 첫 행과 마지막 행만 짧고 나머지는 길게 구성되어 있다. 짧은 시행들은 모두 약강 2음보격 리듬(iambic dimeter)이다. 따라서 제1연의 "당신은 오지 않았지요"(You did not come)에서 강세를 받는 것은 "did"와 "come"이고, 제2연의 "당신은 나를 사랑하지 않지요"(You love not me)에서 강세를 받는 것은 "love"와 "me"이다. 즉, 이 시의 리듬은 여인이 시인을 사랑하지 않아 외면한 사실보다, 여인이 그를 사랑해주기를 바라는 마음을 더욱 강조한다. 이처럼 영시의 리듬은 음악적 아름다움을 위한 장치일 뿐만 아니라, 시인이 의도하는 정서와 의미를 전달하는 역할도 한다. 나머지 긴 행은 당시 시 문학계에 가장 일반적으로 사용되던 약강 5음보격이다.

하디의 전기에는 여러 차례의 사랑이 기록되어 있다. 그중 첫 번째는 사촌 트라이피나 스팍스(Tryphena Sparks)와의 관계이다. 이루어질 수 없는 사랑이라, 이때의 사랑은 하디에게 더욱 애틋하게 남는다. 하디가 『무명의 주드』에서 주드(Jude)와 수(Sue)를 사촌 관계로 설정한 것이 56세 무렵이니, 첫사랑의 추억이 평생을 간 것이다. 하지만 이 때문에 아내 엠마(Emma)와의 관계에는 깊은 균열이 생긴다. 엠마는 하디가 작품 집필 내내 첫사랑을 떠올리며 소설 속 인물로 형상화했다는 사실을 받아들이지 못한다. 더욱이 그 사실이 만천하에 공개되었다는 사실에 그녀의 자존심은 씻을 수 없는 상처를 입는다.

하디가 엠마를 처음 만난 것은 1870년 건축가로 일하던 시절이다. 당시 작가 지망생이었던 엠마는 하디의 문학적 재능을 한눈에 알아본다. 건축 일을 하며 습작을 하던 하디에게 계속해서 소설을 쓰라고 격려한 것도 엠마이다. 이후 하디의 소설이 성공해 경제적으로 안정되자, 1874년에 두 사람은 결혼한다. 그러나 행복은 그리 오래가지 않는다. 엠마가 하디의 성공을 질투해 불화가 잦았다는 말도 있고, 하디가 사랑을 유지하기 위해 충분히 노력하지 않았다는 말도 있다. 그럼에도 두 사람은 서로를 떠나지 않고 끝까지 결혼 생활을 이어간다. 「깨져버린 약속」에 등장하는 여성은 하디가 엠마와 결혼 생활을 이어가던 중에 알게 된 인물이다. 일부 평론가는 이 여성을 엠마로 보지만, 1890년대 하디가 깊이 교류했던 플로렌스 헤니커(Florence Henniker)라는 해석이 더 설득력을 얻는다.

1912년 엠마가 세상을 떠난 뒤, 하디는 오랜 반려자를 잃은 상실감과 엠마에게 잘못했던 일들에 대한 후회로 고통받는다. 이러한 감정을 시로 담아 펴낸 것이 『시집 1912-13』(*Poems* 1912-13)이다. 이 시집에는 엠마를 향한 그리움, 사랑, 그리고 슬픔이 절절하게 녹아있다. 그속에 깃든 깊은 서정성에 많은 독자들이 감동을 받고, 하디의 시인으로서의 명성은 한층 높아간다. 하지만, 일부 비평가들은 그가 슬픔을 과장해 문학적으로 활용했다고 의심하기도 한다. 1914년 하디는 39세 연하인 비서 플로렌스 더그데일(Florence Dugdale)과 재혼하지만, 이 결혼 생활도 그리 원만하지 않는다. 하디가 종종 엠마를 그리워하며 그녀를 회고하는 시를 쓰곤 했기 때문이다.

하디의 작품관에 비추어 비평적으로 해석하면, 「깨져버린 약속」의 여인은 인간에게 무정한 세계를 상징한다. 그 세계에서 인간은 온 힘을 다해 애쓰고 노력하지만, 결국 실패와 좌절을 겪도록 운명 지어져 있다. 여인이 남자에게 동정심을 보이지 않듯, 우주 질서 역시 인간에게 연민을 베풀지 않기 때문이다. "세월에 찢긴 남자"에서 남자는 무정한 세계 질서에 상처 입은 인간을 상징한다.

따라서 하디는 오직 인간만이 인간을 위로할 수 있다고 확신한다. 그 확신이 "거룩한 업적들"이라는 표현으로 구체화된다. 타인에게 연민의 감정을 갖고 보편적 인간애를 실천하는 것이야말로, 비정한 세계에서 인간이 할 수 있는 가장 인간적이고 거룩한 일이라는 뜻이 담겨 있다.

부모와 자녀

Children begin by loving their parents;
as they grow older they judge them; sometimes they forgive them.
어릴 때는 부모를 사랑하지반,
나이가 들면 부모를 판단하고, 때로 용서한다.
- 오스카 와일드 -

A Mother to Her Waking Infant

Joanna Baillie

Now in thy dazzling half-oped eye,
Thy curled nose and lip awry,
Uphoisted arms and noddling head,
And little chin with crystal spread,
Poor helpless thing! what do I see,
That I should sing of thee?

From thy poor tongue no accents come,
Which can but rub thy toothless gum:
Small understanding boasts thy face,
Thy shapeless limbs nor step nor grace:
A few short words thy feats may tell,
And yet I love thee well.

◆ oped: 열었다 (opened의 옛 형태)
◆ uphoisted: 들어 올리다, 높이 올리다
◆ shapeless: 완벽한 형태에서 벗어난

잠에서 깬 아기를 위한 어머니의 노래

조애나 베일리

이제 너의 빛나는 눈이 반쯤 뜨였구나
말려 올라간 코, 비뚤어진 입술
치켜 올라간 팔, 끄덕거리는 머리
수정처럼 반짝이는 작은 뺨
넌 약하고 무력한 존재로구나!
내가 네게서 무엇을 찾아 노래할까?

네 작은 혀는 말 한마디 또렷히 못하니
그저 이도 없는 잇몸만 비비는구나
네 얼굴에는 아직 이해의 빛을 찾아볼 수 없고
네 엉성한 팔다리는 걷지도 못하고 우아하지도 않구나
짧은 몇 마디면 너의 모든 재주를 읊을 수 있지만
그래도 나는 너를 진실로 사랑한단다

작가 이야기: 격정 속에서 배우는 사랑과 절제, 조애나 베일리

조애나 베일리(Joanna Baillie, 1762-1851)는 극작가이지만, 20세기 중반까지도 거의 알려지지 않았다. 대부분의 문학사 교재는 그녀를 다루지 않았고, 희곡 역사 안에서도 그녀는 마이너 작가로 분류되었다. 역사 속에서 잊혀진 그녀가 다시 조명받은 것은 1970년대이다. 당시 활발하게 전개되던 페미니즘 비평의 영향으로, 문학적 재능이 뛰어남에도 불구하고 '여성'이라는 이유때문에 저평가된 작가들을 발굴하고 재평가하려는 노력들이 있었다. 베일리는 이러한 흐름 속에서 재발견된 작가 중 하나이다. 이후 그녀는 꾸준히 비평의 조명을 받아, 현재 당대 여성 작가 중 최고이며, 당대의 모든 극작가 중에서도 최고라는 찬사를 받는다.[10]

베일리는 거의 90세를 살았으며, 약 40년에 걸쳐 작품활동을 이어갔다. 그럼에도 오랫동안 그녀가 큰 주목을 받지 못했던 가장 큰 이유는 그녀의 활동 시기가 '연극의 시대'가 아니었기 때문이다. 연극사에서 가장 성공한 작가는 셰익스피어이다. 그때부터 극장은 이른바 '돈이 되는' 산업으로 인식되어 대극장 형태로 발전한다. 하지만 셰익스피어 시대가 저문 후, 대극장 시스템은 오히려 공연의 질을 떨어뜨리는 부정적 요소로 작용한다. 대사 전달이 어려워 섬세하고 진지한 감정을 표현하기에 제약이 많기 때문이다. 그 결과 연극은 점점 더 조악하고 자극적인 효과에 치중하면서 고상하고 건전한 관객층으로부터 외면 받는다. 극장은 '타락한 사람들'의 공간으로 인식되고, 그에 맞추어 공연 내용은 점점 더 저속해진다.

또한 18세기 말에서 19세기 초에 연극계에서 가장 흥행한 장르는 멜로드라마이다. 통속극으로도 불린 이 장르는 단순한 줄거리를 선악, 빈부, 행복과 불행이라는 이분법으로 제시하고, 결국 선한 쪽이 승리하는 결말로 이끈다. 이런 연극은 도시의 노동 계층에게 잠깐의 여흥을 주기에는 효과적이지만, 그 이상의 심오한 인간 본질이나 세계에 대한 성찰을 담아내지 못한다. 낭만주의 시대의 걸출한 작가들이 드라마 집필을 기피한 이유도 이 때문이다. 존재를 낭만적으로 고취하려는 그들에게, 저급한 도심 연극판은 전혀 매력적으로 보이지 않는다.

베일리는 이러한 연극계에 전혀 새로운 유형의 극본을 들고 나타난다. 그녀의 드라마는 인간의 심리를 깊이 파고들고, 특히 순간의 격정을 억누르지 못해 인생을 파멸로 몰아가는 인간 군상을 탁월하게 그려낸다. 1798년 발표한 대표작 『열정에 관한 연극』(*Plays on the Passions*)의 주인공 드 몬포트(De Monfort)가 그 예이다. 드 몬포트는 어린 시절부터 한 친구를 깊이 증오해, 끝내 살해하고 만다. 하지만 연극 속의 드 몬포트는 물론 관객조차도 그가 왜 그토록 깊은 증오를 품었는지 알지 못한다. 정신분석학적 관점에서 보면 그 뿌리는 무의식에 자리 잡은 어떤 오래된 열망, 열등감, 혹은 결핍과 관련되었을 것이다. 하지만 베일리의 시대에는 그러한 관념 자체가 없었다. 그럼에도 그녀는 탁월한 작가적 통찰로 인간의 내면에 통제하기 힘든 어두운 감정이 있다는 사실을 간파한다. 그녀는 그것이 인간 본연의 특성이면서, 또 얼마나 비도덕적이고 비인격적일 수 있는지를 보여준다.

하지만 그녀는 시대의 도덕관념에 따라 그러한 감정을 억누르라고 권유한다. 이 때문에 그녀의 작품은 종종 도덕극의 범주에 포함된다. 누구나 억압하기 어려운 격정을 느끼지만, 그것을 함부로 드러내면 인생이 한순간에 나락으로 떨어진다는 교훈을 담고 있기 때문이다. 또한 베일리의 드라마는 주인공의 비극적 결말을 통해 관객이 감정적 카타르시스를 느낀다는 점에서, 비극으로 분류된다. 그녀로 인해 셰익스피어 시대 이후 단절되었던 비극의 전통이 다시 이어졌고, 낭만주의 시대의 특징을 담은 드라마가 가능해졌다는 평가가 있다.

베일리를 낭만주의 작가로 부르는 이유는 단순히 낭만주의 시대에 활동했기 때문이 아니다. 그녀의 작품에는 인간에 대한 깊은 관심, 개별 존재로서의 인간의 고유함을 중시하는 태도, 인간 내면에 대한 진지한 탐색, 추상적인 세계를 향한 관심, 그리고 감정을 인간 본성의 핵심 요소로 보는 시각이 녹아있다. 이러한 요소들은 모두 낭만주의의 본질적 특징에 가깝다. 이러한 특성이 문학 안에서는 인간 내면을 세밀하게 탐구하는 심리소설의 발전으로 이어지고, 문학 밖에서는 정신분석학의 성립과 전개에 기여한다. 따라서 베일리의 작품들은 낭만주의가 다양한 방향으로 새롭게 확장되는 장면을 보여준다는 점에서도 의의가 있다.

작품 이야기: A Mother to Her Waking Infant 「잠에서 깬 아기를 위한 어머니의 노래」

베일리의 「잠에서 깬 아기를 위한 어머니의 노래」("A Mother to Her Waking Infant")는 전체 8연으로, 제5연만 여덟 행이고 나머지는 각 여섯 행으로 이루어져 있다. 이 책에서 인용한 제1연과 제2연은 시의 시작 부분에 불과하지만, 작품의 전반적 특성을 충분히 보여준다.

제1연에서 어머니는 아기를 세밀하게 관찰하며 외적 특징을 하나씩 나열한다. 아기는 마침 잠에서 깨어 눈을 뜬다. 눈빛은 빛나지만 반쯤 감겨 있어 제대로 보이지 않는다. 그 외에 말려 올라간 코, 비뚤어진 입술, 치켜든 팔, 꾸벅꾸벅 졸 듯 끄덕이는 머리, 그리고 수정처럼 반짝이는 작은 뺨이 차례로 묘사된다.

이를 본 어머니는 아기가 "약하고 무력한" 존재라고 느낀다. 전통적인 시는 건강하고 아름다운 것, 혹은 영웅적인 것을 즐겨 노래한다. "약하고 무력한" 특성은 노래 주제로 적절하지 않기에, 어머니는 "내가 네게서 무엇을 찾아 노래할까?"라고 자문한다. 이는 아기의 모습에서 "노래"로 찬미할 만한 것이 없다는 뜻을 강조하는 것이다.

제2연에서는 아기의 활동 능력을 하나씩 짚어 나간다. 아기는 할 수 있는 일이 거의 없다. 또렷한 소리를 내어 말하지도 못하고, 이도 나지 않아 잇몸밖에 없다. 얼굴에는 "이해"의 빛이 전혀 없고, 팔다리는 덜 여물어 걷지를 못한다. 여기서 "이해"는 지성을 의미한다. 이를 통해 베일리는 아기가 전적으로 어머니에게 의지할 수밖에 없는 상황을 강조한다.

문학 사조의 관점에서 보면, 이 시는 낭만주의 시에 속한다. 제1-2연 가운데 낭만주의적 관념이 가장 잘 드러나는 부분은 "네 얼굴에는 아직 이해의 빛을 찾아볼 수 없고"라는 구절이다. 겉으로 보면 아기의 무지를 단점으로 지적한 것 같지만, 베일리의 의도는 어른과 대비되는 아이의 순수함을 부각하려는 것이다. 일반적으로 어른은 모르는 것이 있으면 숨기고 아는 것이 있을 때 과시한다. 그러나 세상을 모르는 아이는 무지를 감추려고 하지 않고, 또 그럴 능력도 없다. 베일리는 이를 낭만적 순수로 이해한다.

낭만주의는 지식과 지성보다 감정과 직관에 더 높은 가치를 둔다. 기존 지식과 관념 체계에 물들지 않는 순수한 상태를 갈망하며, 나이 들수록 쉽게 잃게 되는 그 순수함을 되찾기를 바란다. 이 때문에 낭만주의 문학에서는 아이를 무지하지만 동시에 순수하고 이상적인 존재로 묘사하는 일이 종종 있다. 가장 가까운 예가 바로 워즈워스의 "아이는 어른의 아버지"라는 표현이다. 베일리의 "이해의 빛"에서도 그와 같은 관념이 발견된다.

제1-2연에서는 아기가 어머니에게 전적으로 의존하는 존재로 그려지지만, 이 시는 뒤로 갈수록 어머니가 아기에게 의존하는 모습을 강조한다. 어머니는 정서적으로 아기에게 영향을 받고 아기의 존재에 삶의 의미를 찾는다. 모자 관계에서 주도권이 아기에게 있는 것은 강한 모성애나 모자 관계의 특수성으로 이해할 수 있지만, 한편으로는 세상에 물들지 않은 아기의 순수함과 솔직함을 어머니가 배워간다는 의미로도 이해할 수 있다.

아이러니하게도 베일리는 평생 독신으로 살았고 자녀가 없었다. 따라서 이 시는 베일리의 실제 경험이 아니라, 상상적 결과물이다. 이는 재능있는 여성 시인이 주로 동시나 가정 시를 주로 쓰던 시대적 분위기를 반영한다.

King Lear (From Scene I, Act I)

William Shakespeare

GONERIL.

Sir, I love you more than word can wield the matter;
Dearer than eyesight, space, and liberty;
Beyond what can be valued, rich or rare;
No less than life, with grace, health, beauty, honour;
As much as child e'er loved, or father found;
A love that makes breath poor and speech unable;
Beyond all manner of so much I love you.

REGAN.

Sir, I am made of the self mettle as my sister,
And prize me at her worth. In my true heart
I find she names my very deed of love;
Only she comes too short, that I profess
Myself an enemy to all other joys
Which the most precious square of sense possesses,
And find I am alone felicitate
In your dear highness' love.

CORDELIA.

Unhappy that I am, I cannot heave
My heart into my mouth: I love your majesty
According to my bond; no more nor less.

. . . . .

Good my lord,
You have begot me, bred me, loved me: I
Return those duties back as are right fit,
Obey you, love you, and most honour you.

◆ e'er: ever (운율을 위한 축약)

◆ highness: 높음, 높은 위치

『리어왕』의 1막 1장에서

윌리엄 셰익스피어

거너릴

폐하, 저는 말로 다 할 수 없을 만큼 아버지를 사랑합니다
시력, 공간, 자유보다 더 귀중하게
값으로 매길 수 없는 귀하고 진귀한 것들보다 더 많이
은혜, 건강, 아름다움, 명예가 깃든 생명만큼
자식이 부모를 사랑하고, 부모가 자식을 아끼는 그 마음만큼
숨을 헐떡이게 만들고 말문이 막히게 하는 그런 사랑으로
모든 극한을 넘어설 만큼 아버지를 사랑합니다.

리건

폐하, 저는 언니와 똑같은 기질을 지녔으며
저 자신을 언니와 같은 값어치로 여깁니다
언니가 말한 것이 곧 제 진심 속 사랑의 표현입니다
다만 언니는 하나를 덜 말했으니
제 감각의 가장 귀중한 즐거움 전체를
모두 적으로 돌리고
오직 폐하의 소중하고 고귀한 사랑 안에서
행복을 찾겠다고 맹세합니다

코델리아

불행히도 저는 제 마음을 입술로 올릴 수 없습니다
아버지를 향한 제 사랑은 자식의 의무에 따른 것
그 이상도 그 이하도 아닙니다.

.....

훌륭하신 나의 폐하
아버지는 저를 낳으시고 기르시고 사랑하셨으니
저는 그에 가장 걸맞는 의무를 다합니다
순종하고 사랑하며 진실로 존경합니다

작가 이야기: 사랑과 갈등, 인간사의 무대를 완성한 극작가, 윌리엄 셰익스피어

셰익스피어(William Shakespeare, 1564-1616)는 장갑과 가죽을 제조·판매하던 소상공인 존 셰익스피어(John Shakespeare)와 부유한 농가의 딸 메리 아든(Mary Arden) 사이에서 태어난다. 그는 여덟 남매 중 셋째였으나 위로 두 누나가 어릴 때 세상을 떠나 첫째로 자란다. 아버지 존이 한때 사업에서 성공했다고 전해지지만, 장남인 셰익스피어가 받은 교육이 지역 문법학교가 전부였다는 점을 고려하면 '성공'이라는 표현은 과장일 수 있다.

1582년 18세의 셰익스피어는 여덟 살 연상인 앤 헤서웨이(Anne Hathaway)와 결혼해 세 자녀를 둔다. 그후 1585년에서 1587년 사이에 홀로 런던으로 이주한다. 셰익스피어의 삶이 전반적으로 베일에 싸여 있듯이, 그가 홀로 런던으로 간 이유 역시 확실치 않다. 하지만 셰익스피어는 런던에 도착하고 얼마 되지 않아 연극계가 주목하는 인물이 된다. 1592년 동시대의 유명한 극작가 로버트 그린(Robert Greene)이 셰익스피어를 "우리의 깃털로 치장한 벼락출세한 까마귀"라고 조롱한 기록이 남아있다.[11] 이는 문학 교육을 거의 받지 못한 채 혈혈단신으로 런던에 온 셰익스피어가 불과 5년도 되지 않아 비평가들의 주목을 받고, 동시에 기존 극작가들의 질시를 받을 만큼 성공했다는 의미이다.

셰익스피어가 활동한 시기는 르네상스와 엘리자베스 여왕 시대(1533-1603)이다. 영국 르네상스는 섬나라라는 지리적 특성 때문에 유럽 본토보다 약 100년 늦은 1450년경에 시작된다. 유럽 대륙에 비해 종교적 색채가 약한 것이 그 특징이다. 셰익스피어의 방대한 작품 가운데도 종교를 중심 주제로 삼거나, 초자연적 힘이 인간의 운명을 지배하는 전통적 구도를 반영한 경우는 거의 없다. 예를 들어 『햄릿』(*Hamlet*) 3막 1장에서 햄릿이 오필리아(Ophelia)에게 "수녀원에 가라"고 윽박지르는 장면은 종교적 순수성보다 인간관계와 심리적 갈등에 더욱 초점이 맞춰져 있다. 이러한 특징은 영국 특유의 역사적 배경과 관련이 있다. 헨리 8세 이후 계속된 가톨릭과 신교의 갈등은 엘리자베스 여왕 시대에 이르러 신교의 승리로 종결된다. 그 과정에서 수많은 사람이 종교적인 이유로 처형되고, 종교는 영국에서 가장 민감하고 위험한 소재로 자리 잡는다. 자연스럽게 문학과 연극에서 종교는 기피 대상이 되고, 대신에 인문주의(humanism)라는 르네상스 본연의 정신이 더욱 강조된다.

이러한 시대정신과 셰익스피어의 작품에 담긴 사상이 절묘하게 맞아떨어진다. 그는 다양한 인간 군상의 욕망을 세밀하게 포착하고, 복잡한 갈등 구조 속에 인물을 몰아넣어 예측할 수 없는 결말로 이끈다. 그 과정에서 마치 새로 발견한 신기하고 흥미로운 대상인 것처럼 인간의 본성을 깊이 탐구한다. 그 결과 셰익스피어는 영국 연극의 부흥을 이끌고, 당대 최고 극작가로 자리매김한다.

셰익스피어의 작품 속 인간은 철저히 현세적인 존재다. 그들은 원죄의 무게에 짓눌려 있지 않으며, 천국이라는 최종 목적지를 위해 현세를 잠시 머무는 정류장쯤으로 여기지도 않는다. 오히려 온갖 욕망을 드러내며, 전력을 다해 삶을 살아간다. 이 점에서 셰익스피어 비극은 그리스 비극과 다르다. 그리스 비극은 신적 세계관을 전제로, 그 속에서 인간이 운명의 장난이나 숙명의 굴레에 휘말리는 모습을 그린다.

반면에 셰익스피어 비극에는 이러한 숙명이 존재하지 않는다. 인간의 행불행을 결정하는 것은 오로지 그들 자신과 그들을 둘러싼 세계와의 상호작용에 기인한다. 예를 들어 『로미오와 줄리엣』(*Romeo and Juliet*)과 『햄릿』에서 주인공이 비극에 이르는 가장 큰 원인은 결국 그들 자신에게 있다. 햄릿은 외부 세계의 문제를 내면으로 끌어와, 그것에 잠식당한 끝에 파멸에 이른다. 로미오와 줄리엣은 햄릿처럼 깊고 어두운 내적 갈등이 없음에도 자신들의 선택과 행동 때문에 결국 죽음을 맞는다.

물론 셰익스피어 비극에는 그리스 비극과 유사한 점도 있다. 예를 들어 4대 비극 『햄릿』, 『오셀로』(*Othello*), 『맥베스』(*Macbeth*), 그리고 『리어왕』은 모두 고귀한 왕이나 왕자가 주인공이다. 이는 아리스토텔레스가 고대 비극의 원칙으로 제시한, "두려움과 연민의 감정을 불러일으키는 사건들을 재현"하기 위해 주인공은 우리와 "같은 인물이거나 혹은 그보다는 더 나은 인물"이어야 한다는 원리를 반영한다.[12] 이러한 인물 설정과 더불어, 감정이나 내면의 우울을 절제하고 이성과 균형을 유지해야 한다는 고전주의적 관념도 그의 작품 전반에 깔려있다.

연극이라는 장르 자체가 고대 그리스에서 비롯되었기 때문에, 셰익스피어의 작품은 필연적으로 그리스 연극과 비교된다. 하지만 그의 작품은 단순히 고대 형식을 답습한 것이 아니라, 인간 본성에 대한 깊은 통찰을 바탕으로 보편적 가치를 담아낸다. 그의 작품에 담긴 사랑과 질투, 야망과 배신, 정의와 복수는 16세기 영국뿐 아니라 오늘날에도 여전히 우리의 관심사이다. 이것이 바로 셰익스피어가 시대를 넘어 전 세계 관객에게 여전히 감동을 주는 이유이다.

작품 이야기: *King Lear* (From Scene I, Act I) 『리어왕』의 1막 1장에서

『리어왕』은 약강 5음보격 리듬으로 구성된 운문극(verse drama-일정한 운율로 쓰여진 희곡)이다. 셰익스피어는 특히 약강 5보격 운율을 즐겨 사용했는데, 이것이 자유시 운동 이전까지 영시에서 가장 보편적인 리듬으로 자리 잡는다. 이는 셰익스피어가 시 문학사에 미친 영향력의 크기를 잘 보여준다. 다만 코델리아의 대사 중 "훌륭하신 나의 폐하"처럼 짧은 구절은 독립된 한 행으로 간주하지 않으며 운율 규칙에서도 제외한다. 또한 이 작품에는 각운이 없다. 각운을 맞추면 단어 선택에 제약이 생겨 대사의 자연스러움이 훼손되기 때문이다. 이러한 이유로 운문극은 일반적으로 각운을 사용하지 않으며, 이처럼 각운이 없는 시를 무운시(blank verse)라 부른다.

『리어왕』은 셰익스피어가 1608년 처음으로 무대에 올린 작품이다. 흔히 그의 순수 창작물로 짐작하지만, 실제로는 고대 영국의 전설적인 왕 리어(Leir)의 이야기에서 착안한 것이다. 작품은 전체 5막으로 구성되어 있으며, 여기서 인용한 부분은 1막 1장에서 왔다. 원전에는 거너릴, 리건, 코델리아의 대사가 차례로 이어지고, 그 사이사이에 리어 왕의 대사가 배치되어 있다. 리어는 딸들에게 자신을 얼마나 사랑하는지 말하면, 그 사랑의 크기에 따라 나라를 나누어 주겠다고 제안한다.

첫째 딸 거너릴은 온갖 아첨을 동원해 사랑을 과장한다. 리어는 그 말에 흡족해, 강과 평야, 목초지가 있는 땅을 거너릴에게 주고 그 지역의 여주인이 되게 한다. 둘째 딸 리건은 언니 거너릴이 한 말이 곧 자신의 마음과 같다고 말한다. 하지만 언니의 말이 너무 짧았다며 한 가지를 더 보탠다. 인간이라면 당연히 느끼는 모든 감각적 즐거움을 버리고 오직 아버지의 사랑 속에서만 행복을 느끼겠다는 맹세이다.

두 언니가 입에 발린 아첨을 능청스럽게 늘어놓는 동안, 코델리아는 무슨 말을 해야 할지 몰라 고민한다. 리어는 세 딸 중 코델리아를 가장 사랑했기에, 그녀로부터 더욱 극진한 사랑을 받고 싶어 한다. 하지만 코델리아의 첫 대답은 "아무 할 말이 없습니다"(Nothing)이다. 놀란 리어가 재차 묻자, 그녀는 같은 대답을 반복한다. 리어는 아무 말도 하지 않으면 아무것도 얻지 못한다고 코델리아를 압박한다.

마지못해 입을 연 코델리아는 아버지를 사랑하는 이유는 오직 하나, 그가 자신의 아버지이기 때문이라고 말한다. '마음을 입술로 올릴 수 없다'라는 표현은 그만큼 사랑이 무겁고, 마음 깊이 자리잡고 있다는 뜻이다. 결국 코델리아는 아무것도 받지 못한 채 쫓겨난다. 코델리아의 말이 가장 진실했음을 알아채지 못한 리어는 거너릴과 리건에게 모욕과 학대를 당한 끝에 황야를 떠돌게 된다.

리어의 비참한 결말을 보며 사람들은 누구나, 자신이라면 진실한 사랑 정도는 쉽게 분별할 수 있다고 장담한다. 리어처럼 어리석은 선택을 하지 않을 것이라고 확신한다. 하지만 동시에 우리는 진실한 사랑을 알아보는 것도, 그것을 오래도록 지켜내는 것도 쉽지 않다는 것을 잘 안다. 특히 부모 자식의 관계는 과거 어느 시대보다 급격하게 변하고 있다. 자녀의 수는 줄어들고, 양육 기간은 길어졌다. 고령화 사회로 기대수명이 늘어났고 노인 부양 방식도 달라졌다. 『리어왕』은 이러한 변화 속에서 부모와 자식 관계가 어떠해야 하는지에 대해, 묵직한 질문을 던진다.

우정

Some people go to priests.
Others to poetry. I to my friends.
어떤 사람들은 신부에게 가고,
어떤 사람들은 시를 읽지만, 나는 친구를 만난다
- 버지니아 울프 -

In Memoriam (Canto 7)

Alfred, Lord Tennyson

Dark house, by which once more I stand
    Here in the long unlovely street,
    Doors, where my heart was used to beat
So quickly, waiting for a hand,

A hand that can be clasp'd no more—
    Behold me, for I cannot sleep,
    And like a guilty thing I creep
At earliest morning to the door.

He is not here; but far away
    The noise of life begins again,
    And ghastly thro' the drizzling rain
On the bald street breaks the blank day.

◆ Canto: 긴 시의 한 부분
◆ dark house: 런던에 있는 할럼(Arthur Henry Hallam)의 집
◆ clasp'd: 손으로 무언가를 꽉 잡다(clasped의 축약형)

『기억하며』의 일곱 번째 칸토* 알프레드 테니슨 경

어두컴컴한 집, 그 집 앞에 다시 서 있네
　　이 길고도 스산한 거리에
　　벅차게 뛰는 가슴으로
어떤 손을 기다렸던 그 문 앞에 서 있네

다시는 그 손을 맞잡을 수 없네
　　보라, 나는 잠 못 이뤄
　　이른 새벽 죄지은 사람 마냥
살금살금 그 문으로 다가서네

그는 여기에 없는데 저 멀리서
　　다시 삶의 소리가 시작되고
　　부슬비 사이로 음산하게
멋없는 거리에 공허한 하루가 밝아오네

* 칸토(Canto)는 장시나 서사시에서 내용을 구분하는 큰 단위이다. 이탈리아어 'canto'에서 유래했으며 '노래' 또는 '노래하다'라는 뜻을 지닌다. 원래는 음유시인이 노래하는 긴 이야기를 적절하게 나눈 부분을 의미하며, 시에서는 길이가 긴 작품을 몇 개의 구획으로 나누는 단위로 쓰인다. 칸토를 사용한 대표적인 작품은 단테의 『신곡』(*Divine Comedy*)과 바이런의 『돈 주앙』(*Don Juan*)이 있다.

작가 이야기: 깊은 우정으로 세대를 울린 시인, 알프레드 테니슨

알프레드 테니슨 경(Alfred, Lord Tennyson, 1809-1892)은 빅토리아시대 중반기에 가장 중요한 시인 중 하나로 꼽힌다. 그의 인기와 영향력, 시적 재능에 견줄 만한 동시대 시인은 로버트 브라우닝(Robert Browning)뿐이다. 테니슨은 1809년 목사 조지 테니슨(George Tennyson)의 12남매 중 넷째로 태어난다. 그는 형제 가운데 한 살 위인 찰스 테니슨(Charles Tennyson, 1808-1879)과 특히 가깝게 지낸다. 두 사람은 1827년 함께 시집 『형제의 시』(*Poems by Two Brothers*)를 출간하는데, 이것이 테니슨의 문단 데뷔작이다.

문학의 길을 선택한 테니슨은 케임브리지 대학교 트리니티 칼리지(Trinity College, Cambridge)에 진학한 뒤, '사도들'(The Apostles)이라는 모임에 가입해 시와 문학을 주제로 교류한다. 당시 이 모임을 주도적으로 이끌던 인물이 바로 아서 헨리 할럼(Arthur Henry Hallam)이다. 테니슨과 할럼은 서로의 사상과 감정을 깊이 이해하며, 매우 각별한 우정을 쌓는다. 1833년에는 할럼이 테니슨의 여동생 에밀리 테니슨(Emily Tennyson)과 사랑에 빠져 약혼한다. 에밀리를 통해 가족으로 인연을 맺은 두 사람은 더욱 깊은 우정을 나누지만, 안타깝게도 할럼이 사망한다. 할럼의 나이 22세였다. 이 일은 테니슨 남매 모두에게 커다란 충격을 남긴다. 에밀리는 평생 결혼하지 않았고, 테니슨도 이 상처를 쉽게 극복하지 못한다.

테니슨은 1842년 출간한 『시들』(*Poems*)이라는 시집으로 비평가들의 주목을 받는다. 하지만 아버지가 사망한 후 계속된 경제적 궁핍을 해결할 만큼 성공하지는 못한다. 1836년 약혼한 에밀리 셀우드(Emily Sellwood)와의 결혼도 가난 때문에 계속 미룰 정도로 형편이 좋지 않았다. 하지만 1850년 『기억하며』(*In Memoriam*)가 출판되면서 상황이 급변한다. 이 시집은 출판되자마자 비평계와 대중으로부터 엄청난 환호를 받는다. 이 시집의 원제는 *In Memoriam A. H. H.*로, 여기서 "*A. H. H.*"는 아서 헨리 할럼의 이니셜이다. 글자 그대로 이 시집은 할럼을 애도하는 장대한 추도사이다.

테니슨이 활동한 빅토리아시대 중기의 영국 사회는 낙관주의가 지배적이었다. 산업혁명의 결실로 경제 규모는 날로 커지고, 대영제국이라는 이름은 전 세계로 뻗어 나간다. 과학 발전은 영국이 그간 이룩한 발전을 더욱 가속할 것이라는 장밋빛 전망을 확산시킨다. 이러한 변화는 필연적으로 기독교식 세계관과 충돌한다. 다윈의 진화론이 세상에 발표된 것은 1859년이지만, 그 이전부터 다양한 생물학적 발견과 화석학 연구가 진화론적 세계관을 예고한다. 더해서 합리주의와 개인주의적 사고가 오랜 세월 서양인의 관념과 행동 양식에 뿌리내린 기독교식 세계관을 서서히 약화시킨다.

그 결과 과학과 종교의 양립은 빅토리아시대에 가장 민감한 쟁점 중의 하나가 된다. 테니슨은 이 논의를 누구보다 일찍 시의 전면에 내세운다. 할럼이 죽고 난후, 테니슨은 할럼을 젊은 나이에 죽게 만든 당시의 과학과 의학의 한계를 절감한다. 동시에 그 죽음을 허락한 신에 대해서도 깊은 원망을 품는다. 하지만 결국 그는 할럼처럼 귀한 영혼이 마땅히 갈 곳은 천국이라는 확신에 이른다. 오랜 갈등 끝에 얻는 이 확신이 테니슨의 마음을 위로한다. 테니슨은 이 모든 것을 『기억하며』에 담는다. 이 때문에 겉보기에 『기억하며』는 한 친구의 죽음을 애도하는 시처럼 보이지만, 그 저변에는 '과연 과학이 인간에게 참된 해답이 될 수 있는가'라는 심오한 질문이 담겨 있다. 또한 상실의 고통과 문명의 허상에 피폐해진 마음을 치유하는 것은 과학이 아니라, 바로 종교적 마음이라는 확신을 피력한다.

테니슨이 얻은 위안과 깨달음은 동시대 사람들에게도 깊은 울림을 준다. 그들은 과학이 종교적 세계관을 잠식하는 것을 지켜보며 그 빈자리를 무엇으로 채워야 할지 몰라 방황하고 있었다. 그러한 이들에게 『기억하며』는 감동적인 우정 이야기와 깊은 철학적 성찰을 통해 정서적 위안과 치유를 제공한다.

아쉽게도 『기억하며』가 워낙 뛰어난 역작이었기에, 이후 테니슨은 이를 능가하는 작품을 남기지 못한다. 그럼에도 꾸준히 작품 활동을 이어나가 1850년에는 워즈워스의 뒤를 이어 계관시인으로 임명된다. 1884년에는 작위까지 받아 '알프레드 테니슨 경'(Alfred, Lord Tennyson)으로 불리게 된다. 현재 그의 유해는 웨스트민스터 대사원(Westminster Abbey)에 있는 '시인들의 묘역'(Poets' Corner)에 안장되어 있다.

작품 이야기: *In Memoriam* (Canto 7) 『기억하며』의 일곱 번째 칸토

『기억하며』(*In Memoriam*)는 서시(Prologue), 129개의 칸토(Canto) 그리고 에필로그(Epilogue)로 구성된 총 2,916행의 장시이다. 각 칸토의 길이나 형식은 일정하지 않다. 예를 들어, 앞서 읽은 「일곱 번째 칸토」는 12행이지만, 그 다음 「여덟 번째 칸토」는 24행으로 두 배나 길다. 칸토 구성이 비교적 자유로운 점을 제외하면, 『기억하며』는 동시대의 시적 관습을 충실하게 따른 정형시이다. 전체적으로 '4행 1연 형식'(quatrain)을 채택하는데, 이는 영시에서 전통적으로 비가(엘레지)에 즐겨 사용되는 형식이다. 각운 또한 4행 1연 형식에서 가장 많이 사용되는 abba 구조이다. 간혹 다소 불완전한 각운이 발견되지만, 거의 3천 행에 달하는 시 전체를 동일한 각운 구조로 유지한 것은 실로 찬탄할 만한 기교이다.

「일곱 번째 칸토」에서 테니슨은 날이 채 밝지 않는 새벽녘, 할럼이 살던 집이 있는 골목에 서있다. 할럼이 살던 집은 어둡고, 골목은 볼품없다. 이는 실제로 모든 불이 꺼진 런던 주택가의 음울한 모습을 묘사한 것이다. 동시에 할럼이 없기에 세상 전체가 생기를 잃었다는 의미도 담겨 있다. 할럼이 살아있을 때 테니슨은 그곳을 방문할 때마다 기쁨에 가슴이 뛰는 것을 느꼈다. 이처럼 친밀한 감정이 드러나는 어투 때문에 『기억하며』는 종종 동성애적 관점에서 해석되기도 한다. 그러나 할럼과 테니슨의 관계를 그렇게 볼만한 근거는 없다. 빅토리아시대에는 동성 친구사이에 친밀함을 강조하는 표현이 일반적으로 널리 사용되었다.

제2연에서 테니슨은 할럼의 손을 두 번 다시 잡을 수 없다는 사실에 깊은 절망감을 느낀다. 공허함과 슬픔 때문에 그는 잠조차 이루지 못한다. "죄지은 사람처럼"이라는 표현은 새벽까지도 잠들지 못해 결국 할럼의 집을 다시 찾은 자신의 상태를 비유한 것이다. 할럼을 향한 그리움이 마치 사슬처럼 그를 묶어 그의 모든 의지를 무력하게 만든다는 뜻이 담겨 있다. "살금살금 그 문으로 다가서네"(혹은 숨도 못쉬며 기어가네)라는 표현 또한 그가 느끼는 슬픔의 무게를 강조한다. 세 번째 연은 할럼이 세상에 없는데도, 이에 아랑곳하지 않고 무상하게 흘러가는 세계를 강조한다. 그는 할럼을 잃은 슬픔 때문에 절망하지만, 새벽은 어김없이 온다. 그것에 맞추어 거리에서는 다시 삶의 소리가 들려온다. 이는 세상이 비정하고 비인간적이라는 인상을 주려는 것이다.

여기서 우리가 함께 읽은 「일곱 번째 칸토」는 짧고 간결하지만, 20대 초반에 둘도 없는 친구를 잃고, 그 친구가 살던 집 앞에서 "부슬비"를 맞으며 밤 내내 서 있는 사람의 슬픔을 절절하게 전달한다. 이 때문에 이 칸토는 『기억하며』에 수록된 수많은 칸토 중에서도 상실의 고통을 가장 잘 보여주는 장면 중 하나로 꼽힌다. 많은 이가 사랑하는 사람을 먼저 보내는 경험을 한다. 그 순간 삶의 빛이 사라지는 듯한 슬픔을 마주할 수도 있다. 테니슨의 노래는 그런 사람에게 공감과 위로를 주기에, 지금도 사랑받는다.

To Thomas Moore

George Gordon Byron

My boat is on the shore,
And my bark is on the sea;
But, before I go, Tom Moore,
Here's a double health to thee!

Here's a sigh to those who love me,
And a smile to those who hate;
And, whatever sky's above me,
Here's a heart for every fate.

Though the ocean roar around me,
Yet it still shall bear me on;
Though a desert should surround me,
It hath springs that may be won.

Weren't the last drop in the well,
As I gasp'd upon the brink,
Ere my fainting spirit fell,
'Tis to thee that I would drink.

With that water, as this wine,
The libation I would pour
Should be - peace with thine and mine,
And a health to thee, Tom Moore!

- hath: 가지고 있다 (has의 옛 형태)
- gasp'd: 숨을 헐떡이다 (gasped의 축약형)
- 'Tis: It is의 옛 형태 (주로 고전 시나 문학에서 사용)
- thine: 너의 것(yours의 옛 형태)
- thee: 너를, 너에게(you의 옛 형태)

토머스 무어에게

조지 고든 바이런

내 배는 해변에 있고
노는 벌써 바다 위에 떠 있네
그러나 떠나기 전에, 톰 무어
자네의 건강을 두 번의 술잔으로 축원하네!

나를 사랑한 사람들에게는 한숨을
나를 미워했던 이들에게는 미소를
어떤 하늘이 내 위에 있든
어떤 운명에도 맞설 내 마음을 위해 건배하네!

바다가 나를 둘러싸고 포효해도
그 물결은 나를 앞으로 나아가게 하리
사막이 나를 둘러싸도
그 안에는 찾아낼 샘이 있으리

그 우물에 마지막 한 방울만 남았다 해도
숨이 가빠 쓰러진다 해도
내 흐린 영혼이 꺼지기 전에
그 한 모금은 자네를 위한 축배이리

이 물로, 또 이 술로
내가 바치는 헌주는
자네와 나의 평화를 위해
톰 무어, 자네의 건강을 위한 건배라네!

작가 이야기: 동지적 우정과 자유의 낭만을 살다, 조지 고든 바이런

조지 고든 바이런 경(George Gordon, Lord Byron, 1788-1824)은 낭만주의 2세대 시인이다. 낭만주의 1세대 시인들은 새로운 시풍을 시작하며 이전 시대의 관습과 과감히 단절한다. 이에 반해 바이런은 훨씬 자유롭게 이전 시대의 사상과 시풍을 탐색하며 시인으로 성장한다. 이 때문에 바이런의 시는 신고전주의 시인 포프(Alexander Pope, 1688-1744)와도 종종 비교된다.

바이런의 아버지 존(John)은 "미친 잭"(Mad Jack)이라는 별명이 붙을 만큼 방탕하고 무절제한 인물이다. 선대에서 물려받은 재산은 물론 아내의 재산도 모두 탕진한 뒤 1791년 프랑스에서 사망한다. 바이런의 어머니 캐서린(Catherine)은 활달하면서도 감정 기복이 심해, 바이런을 학대와 지나친 애정 사이를 오가며 양육한다. 이것이 바이런의 정신세계에 깊은 상처를 남긴다.

이외에도 바이런의 심리에 부정적 영향을 미친 요인이 두 가지 더 있다. 하나는 신체적 장애이다. 바이런은 오른쪽 발이 안쪽으로 심하게 휘어진 선천성 발 변형, 흔히 '클럽풋'(clubfoot)이라 부르는 상태로 태어난다. 이것이 그에게 뿌리 깊은 열등감을 안겨주고, 그 보상 심리로 방탕하고 과시적인 삶을 추구하게 만든다. 다른 하나는 부친 사망 직후 뜻밖에 물려받은 귀족 작위이다. 귀족 신분은 그의 허영심과 자존심을 강하게 자극하지만, 가문이 재정적으로 몰락한 탓에 작위가 주는 사회적 기대를 충족시킬 길이 없었다. 이로 인한 굴욕감과 괴리감이 자학적 냉소와 도발적인 언행으로 이어진다.

바이런의 첫 번째 성공은 『귀공자 해럴드의 순례』(*Childe Harold's Pilgrimage*)이다. 그는 1809년부터 약 2년간 스페인, 포르투갈, 그리스 등 남유럽을 여행한 후, 그 경험을 바탕으로 1812년에 1권과 2권을 연속해서 발간한다. "귀공자"(Childe)는 중세 귀족 가문의 장손을 뜻하는 호칭이다. 방탕과 허영, 삶의 공허함을 안고 떠도는 젊은 귀족의 모습은 시인 바이런의 자아상을 반영한다. 독자들은 이전과 전혀 다른 새로운 유형의 주인공에 열광한다. 그 모습에서 사회의 억압적 관습에서 벗어난 해방감과 낭만을 느낀다. 덕분에 시집은 출간되자마자 대성공을 하고, 바이런을 한순간에 문단의 총아로 만든다. "하루아침에 유명해졌다"(I awoke one morning and found myself famous)라는 말은 이 책이 출판된 후 바이런이 한 말이다.

동시에 바이런에 관한 추문이 끊임없이 이어진다. 성장 과정에서 충족되지 못한 어머니의 사랑과 신체 결함에서 비롯된 열등감이 거의 병적일 만큼 끊임없는 여성 편력으로 몰아간다. 1815년 그는 애너벨라 밀뱅크(Annabella Milbanke)와 결혼하지만, 이 결혼은 시작부터 불행을 예고한다. 결혼 생활의 완벽함을 기대했던 도덕적인 밀뱅크와 달리, 바이런은 결혼 전의 방탕한 생활 습관을 조금도 버리지 않는다. 결국 이듬해 친정을 돌아간 밀뱅크는 바이런이 남색을 일삼고 이복누이 오거스타 리(Augusta Leigh)와 근친상간을 했다고 비난한다. 이 스캔들로 엄청난 비난과 법률적 책임에 직면한 바이런은 영국을 떠난다.

그 후, 바이런은 10년이 채 안 되는 기간 동안 『귀공자 해럴드의 순례』 제3·4권과 『돈 주앙』(*Don Juan*) 등을 발표하며 왕성한 창작 활동을 이어간다. 1823년에는 오스만 제국(Ottoman Empire)의 지배에서 그리스를 해방시키기 위해 그리스 혁명 위원회 위원을 역임하면서 그리스 민족 전쟁에 재정적·군사적 지원을 아끼지 않는다. 당시 영국에서는 프랑스 혁명 사상이 지식인들 사이에서 새로운 정치적 이상으로 자리잡는다. 하지만 영국 주류 사회는 군주제 유지를 위해 혁명 사상이 퍼지는 것을 극도로 경계한다. 이것이 오히려 바이런의 반항심을 자극한다. 그는 자신이 자유롭기를 원하는 만큼 다른 사람도 자유로워야 한다고 믿는다. 이러한 신념이 직접 그리스 독립전쟁에 투신하는 것으로 이어진다. 그는 결국 그 전쟁터에서 사망한다.

그의 삶은 우울했으나 끝없이 자유로웠고, 자신의 열정에 솔직한 만큼 모든 인습에 저항했다. 언제나 머나먼 곳, 더 새로운 곳을 향해 나아갔으며, 그곳이 더 나은 세상일 것이라 믿었다. 혹은 그렇게 만들기 위해 노력했다. 이 때문에 바이런은 시뿐 아니라 삶 자체가 낭만주의의 전형이다. 그의 작품 속 주인공들 또한 그의 삶과 기질을 그대로 닮아 '바이런적 영웅'(Byronic hero)이라 불린다. 이는 문학사에서 부정적인 특성을 숨기지 않는 반 영웅(anti-hero)이 하나의 전형으로 자리잡는 계기가 된다.

작품 이야기: To Thomas Moore 「토머스 무어에게」

바이런의 「토머스 무어에게」("To Thomas Moore")는 4행시로 abab의 각운 구조를 갖고 있다. 각운은 비교적 규칙적인 반면에 리듬은 다소 일관적이지 않다. 짧은 시행과 반복되는 어휘 때문에 자칫 단조로울 수 있는 리듬이 다소 비일관적인 리듬을 통해 긴장의 묘미를 얻는다.

「토머스 무어에게」는 영국을 떠나기 직전에 바이런의 마음속에 떠오른 생각을 건배사의 형식에 담아낸 작품이다. 그는 홀로 포도주잔을 들고, 가장 절친한 친구 토머스 무어(Thomas Moore, 1779-1852)의 건강을 기원한다. 이는 무어를 향한 바이런의 우정이 얼마나 깊은지를 잘 보여준다. 더해서 그는 영국에 있는 사람들에게 아쉬움과 회한의 '한숨'을, 그리고 용서와 화해의 '미소'를 건배로 보낸다. 그 속에는 과거의 사랑과 증오를 모두 포용하며 진정한 화해를 바라는 마음이 담겨 있다.

익숙한 모국을 떠나 낯선 세계로 향하는 두려움과 불안은 바다의 '으르렁거림'과 사막의 '메마름'으로 형상화된다. 하지만 그는 희망을 놓지 않는다. 희망을 품는 바로 그 순간, 그는 또 한번 무어를 떠올린다. 삶의 모든 극적 순간들을 무어와 함께 나누기를 바라기 때문이다. 제4연은 무어를 향한 우정의 깊이를 가장 극적으로 드러낸 부분이다. 바이런은 숨이 넘어갈 만큼 목이 마른 때에도, 무어의 안녕을 기원하는 건배를 잊지 않겠다고 다짐한다. 그때의 건배는 물조차도 신성한 술이 되어 무어와 바이런 둘 다에게 평화를 가져다 주기를 염원한다.

아일랜드 더블린에서 태어난 무어는 1795년 더블린의 트리니티 칼리지(Trinity College)에 입학해 법학을 공부한 후, 1799년부터 런던에서 재판변호사(barrister)로 활동한다. 1801년에는 "토머스 리틀"(Thomas Little)이라는 필명으로 출간한 시집 『작고한 토머스 리틀 님의 시 작품들』(*The Poetical Works of the Late Thomas Little,*

Esq)로 평단의 호평을 받는다. 이후 꾸준히 시를 발표하여, 바이런이 문단에 등장할 무렵에는 널리 존경받는 명망 있는 시인이 된다. 바이런과 무어는 거의 10년 가까운 나이 차이가 있었지만, 매우 각별한 사이로 발전한다. 서로의 재능에 대한 찬탄과 존중이 그들의 우정을 심화시키는 요인이 되었다.

1818년 바이런은 자신의 미출판 작품 원고를 무어에게 맡긴다. 당시 무어는 자신이 임명한 관리가 거액을 횡령한 사건에 연루되어 유럽으로 피신하는 길이었다. 그 여정 중에 무어는 베니스에 머물던 바이런을 만난다. 그 무렵 바이런의 삶은 영국에서와 크게 다르지 않았다. 새로운 연애, 만성적인 권태, 무절제한 생활, 그리고 깊은 우울에 지쳐 있던 그는 무어에게 '자신이 죽은 후 유언집행인의 자격으로 출판해 달라'라는 부탁과 함께 미출간 원고들을 맡긴다. 그 가운데 바이런의 유일한 『회고록』(*Memoirs*) 원고가 포함되어 있었다.

바이런은 짧은 시간에 방대한 양의 원고를 작성하면서도 일정한 수준 이상의 아름다움을 유지하는, 보기 드문 재능을 지닌 작가이다. 영국을 떠난 후 무어를 만나기 전까지 그가 얼마나 많은 작품을 완성했고 그중 얼마나 무어에게 맡겼는지는 정확히 알 수 없다. 다만 확실히 밝혀진 것은, 무어가 바이런의 유일한 『회고록』 원고를 불태웠다는 사실이다. 바이런의 사망 후 무어는 몇몇 측근들과 논의 끝에 바이런이 맡긴 원고를 없애기로 결정한다. 이로 인해 바이런의 솔직한 연애 고백, 정치적 견해, 문단과 사회 인사에 대한 신랄한 평가는 영영 사라진다.

무어에게도 나름의 이유는 있었다. 당시 영국 왕실은 혁명 사상이 퍼지는 것을 극도로 경계했고, 사회 전반에는 도덕적 경건주의가 팽배했다. 그런 분위기 속에서 바이런의 『회고록』을 출판하는 것은 불필요한 논쟁을 불러오고, 나아가 바이런의 부도덕한 생활상을 다시 도마위에 올려놓는 것과 같다고 판단했을 것이다. 그럼에도 불구하고 무어의 행동은 우정을 저버린 행위이자 법률상 유언집행인으로서 약속을 어긴 일이다. 오늘날 무어가 바이런의 마지막 원고를 불태운 사건은 문학사에서 가장 중대한 범죄 중 하나로 간주된다.

또 다른 사랑

Love is not love which alters when it alteration finds.
진정한 사랑은 변화가 생겨도 변치 않는다.
- 윌리엄 셰익스피어 -

Apologia

Oscar Wilde

Is it thy will that I should wax and wane,
Barter my cloth of gold for hodden grey,
And at thy pleasure weave that web of pain
Whose brightest threads are each a wasted day?

Is it thy will-Love that I love so well-
That my Soul's House should be a tortured spot
Wherein, like evil paramours, must dwell
The quenchless flame, the worm that dieth not?

Nay, if it be thy will I shall endure,
And sell ambition at the common mart,
And let dull failure be my vestiture,
And sorrow dig its grave within my heart.

Perchance it may be better so—at least
I have not made my heart a heart of stone,
Nor starved my boyhood of its goodly feast,
Nor walked where Beauty is a thing unknown.

Many a man hath done so; sought to fence
In straitened bonds the soul that should be free,
Trodden the dusty road of common sense,
While all the forest sang of liberty,

Not marking how the spotted hawk in flight
Passed on wide pinion through the lofty air,
To where the steep untrodden mountain height
Caught the last tresses of the Sun God's hair.

Or how the little flower he trod upon,
The daisy, that white-feathered shield of gold,
Followed with wistful eyes the wandering sun
Content if once its leaves were aureoled.

But surely it is something to have been
The best beloved for a little while,
To have walked hand in hand with Love, and seen
His purple wings flit once across thy smile.

Ay! though the gorged asp of passion feed
On my boy's heart, yet have I burst the bars,
Stood face to face with Beauty, known indeed
The Love which moves the Sun and all the stars!

- thy: 너의 (your의 옛 형태)
- paramours: 연인 (특히 비밀스러운 연애 관계에서의 애인)
- quenchless: 꺼지지 않는, 억누를 수 없는
- dieth: 죽다 (die의 3인칭 단수 현재형의 옛 형태)
- vestiture: 의복, 옷차림
- hath: 가지고 있다 (has의 옛 형태)

변론 오스카 와일드

당신의 뜻인가요, 내가 차츰 빛을 잃고 사라지는 것이
내 황금빛 옷감을 초라한 회색과 맞바꾸어
당신 원대로 고통의 직물을 짜는 것이
그중 가장 밝은 실가닥마저 헛되이 흘려보낸 하루인 것이?

당신의 뜻인가요, 내가 진정 사랑하는 사랑의 신이여
내 영혼의 집이 고통의 처소가 되게 하여
그 속에 사악한 연인들처럼
꺼지지 않는 불길과 죽지 않는 벌레들이 함께 하는 것이?

아, 만약 그것이 당신 뜻이라면, 나는 견디지요
내 야망을 저속한 시장에 내다 팔고
우둔한 실패를 의복 삼으며
슬픔이 심장 속에 무덤을 파게 두지요

아마 그편이 더 낫겠지요
적어도 나는 내 마음이 무정하도록 두지 않았으니
젊은 날 풍성한 즐거움이 굶주리게 두지도 않았고
아름다움에 대해 알지 못하는 곳을 걷지도 않았지요

하지만 많은 이들은 그렇게 살지 못하지요
자유로워야 할 영혼을 좁디좁은 울타리에 가두고
자유의 숲이 노래하는 동안
세속의 상식이라는 먼지 날리는 길을 걷지요

그들은 점박이 매가 나는 모습을 보지 못하니
그것이 넓은 날개로 하늘 높이 날아가
아무도 오르지 못한 가파른 산정에서
태양신의 머리카락 끝을 붙잡는 것도 모르지요

발에 밟히는 작은 꽃
금빛 방패를 두른 흰 깃털 데이지가
떠돌이 해를 애타는 눈으로 쫓으며
꽃잎에 단 한 번 빛을 둘러도 만족하는 것을 모르지요

진정 값진 것들이지요
잠시나마 가장 사랑받는 이가 되었던 것도
사랑과 손을 맞잡고 나란히 걸었던 것도
보라색 날개가 그대 미소 위로 지나는 것을 보았던 것도

아! 정열을 포식한 독사가
내 소년 시절 심장을 먹어 치워도
나는 모든 울타리를 부수고 아름다움과 마주하지요
진실로 태양과 별들을 움직이는 사랑과 마주하지요

작가 이야기: 경계를 넘어 사랑을 노래하다, 오스카 와일드

아일랜드 더블린에서 태어난 오스카 와일드(Oscar Wilde, 1854-1900)는 더블린의 트리니티 칼리지(Trinity College)를 졸업한 뒤 영국 옥스퍼드 대학교에 입학한다. 이곳에서 그리스 철학 교수이자 당대 유미주의(aestheticism-예술 지상주의)의 최고 권위자였던 페이터(Walter Pater)의 강의를 듣는다. 페이터는 종교적 경건주의와 도덕주의가 지배하던 시대에 맞서, 젊은 학생들에게 "삶은 순식간에 지나가며, 우리의 유일한 책무는 '서리와 햇살처럼 짧은 이 하루'를 온전히 즐기는 것, 그 감흥을 만끽하는 것, 특히 예술 작품이 주는 감흥을 즐기는 것이다"라고 역설한다.[13]

도덕주의자들은 페이터의 철학이 젊은이들을 쾌락주의로 이끈다고 비난하지만, 젊은이들은 그 새로움에 매혹된다. 특히 와일드는 페이터의 에세이집 『르네상스』(*The Renaissance*, 1873)에 깊이 감화되어, 책에 적힌 대로 직접 그리스 여행을 떠난다. 여기서 와일드는 고대 그리스 미술의 아름다움을 온몸으로 체험하고 돌아온 후, '아름다움 그 자체를 향유하라'라는 페이터의 탐미주의적 태도를 창작의 근간으로 삼는다.

와일드는 페이터를 몹시 존경했지만, 둘 사이는 로맨틱한 사이로 발전하지 않는다. 당시 페이터는 학부생 윌리엄 머니 하딘지(William Money Hardinge)와 '낭만적인 관계'(romantic friendship)에 있다는 소문이 있었다.[14] 당시 '낭만적인 관계'라는 표현은 남성들 사이의 매우 깊고 친밀한 애정 관계를 의미한다. 하딘지는 그전부터 공공연히 다른 남성들과 그러한 관계를 맺고 있다고 자랑했지만, 페이터와의 관계에 대해서는 일절 인정하지 않는다. 이때문에 두 사람 모두 부적절한 관계를 이유로 대학 당국의 징계를 받지 않는다. 그럼에도 이 일은 페이터에게 좋지 않은 평판을 만들어 결국 정년 교수직에 이르지 못한다.

와일드는 1881년 런던에서 콘스탄스 로이드(Constance Lloyd)를 처음 만난 후, 1884년에 더블린에서 다시 만난다. 이를 계기로 관계가 깊어진 두 사람은 결혼한다. 두 아들이 태어난 후 와일드는 아이들을 위해 동화를 쓸 만큼 극진히 사랑한다. 오늘날 널리 사랑받는 와일드의 동화는 모두 아들들을 위해 완성한 것이다. 반면에 아내와는 사이가 좋지 않았다. 당시 아일랜드는 가톨릭이 일반적이라 이혼이 허락되지 않았기 때문에, 두 사람은 결국 1891년에 별거를 선택한다.

이때부터 와일드를 둘러싼 추문들이 생겨나기 시작하지만, 그의 명성을 해치지는 못한다. 와일드의 동성애가 법적 문제로 비화한 것은 1895년이다. 당시 와일드는 알프레드 더글라스(Alfred Douglas)와 깊은 관계를 맺고 있었다. 더글라스는 퀸즈베리(Queensberry) 후작의 미성년 아들로, 방탕하고 무절제한 성격을 지닌 문제이었다. 그는 와일드처럼 유명한 인물을 애인으로 둔 것을 즐겼고, 부유한 와일드를 사실상 '지갑'처럼 이용했다. 이런 상황에서 퀸즈베리 후작이 와일드를 공공연히 비난하자, 와일드는 부당한 비난을 받고 있다고 느껴 후작을 명예훼손으로 고소한다. 와일드는 자신만만했지만, 재판은 그가 원하는 방향으로 진행되지 않는다. 오히려 그 과정에서 그는 동성애 혐의를 받게 되고, 이를 증명하는 증거들이 속속 제시된다. 몇몇 증거들은 조작되거나 신빙성이 떨어졌지만, 아무도 문제 삼지 않았다. 이미 마녀사냥이 시작되었기 때문이다.

와일드는 2년형의 유죄 판결을 받고 감옥에 수감된다. 복역 중 그는 더글라스에게 보내는 편지 형식을 빌려, 더글라스가 자신을 어떻게 파멸로 몰아갔는지를 상세하게 밝힌다. 동시에 그럼에도 불구하고 더글라스를 사랑할 수밖에 없었던 복잡한 심정을 솔직하게 고백한다. 애증이 교차하는 이 편지들을 엮어 출간한 책이 바로 『심연으로부터』(*De Profundis and Other Prison Writings*)이다. 처음에 이 책은 더글라스라는 이름조차 삭제된 채 출판되었기 때문에, 독자들은 이것이 와일드의 개인적인 고백록이라는 사실조차 알아차리지 못했다. 1962년에 이르러서야 더글라스와 그의 부친에 대한 부정적인 표현이 그대로 담긴 완전판이 공개된다.

출옥 후 와일드는 이혼한 아내와의 사이에서 태어난 두 아들을 몹시 그리워하지만 끝내 재회하지 못한다. 한때 빛났던 그의 문학적 재능도 감옥에서의 시련 이후 다시는 온전히 회복되지 못한다. 그는 1900년 뇌수막염으로 세상을 떠난다. 수감 생활 중 귀에 입은 부상이 원인이었다.

작품 이야기: Apologia「변론」

오스카 와일드의「변론」("Apologia")은 총 9연으로, 각 연은 4행으로 구성되어 있으며 abab의 각운 구조를 갖고 있다. 운율은 당시 가장 널리 사용되던 약강 5음보격 리듬이다. '변론'이라는 단어는 작가가 자신의 생각이나 입장을 방어하거나 옹호하기 위해 쓴 글을 의미한다. 따라서 와일드의「변론」도 자신에게 고통을 부과하고, 자신의 행동을 죄로 규정하는 세상을 향해 자신의 정당함을 주장한다.

제1-2연에서 그는 현재 자신의 삶이 고통 속에 있다고 주장한다. 그 고통을 부과한 존재는 '사랑'(Love)이라 불리는 신, 즉 사랑의 하나님이다. 그는 '사랑'의 신을 세상 무엇보다 사랑했지만, 신은 사랑의 신이면서도 그에게 끝없는 고통을 안겨준다. 마치 그를 지옥 불구덩이 속에 살도록 의도하는 것처럼 보인다. 제2연의 마지막 행은 성경의『마가복음』9장 48절의 "거기서는 그들의 벌레도 죽지 아니하고 불도 꺼지지 아니하느니라"를 빌려 온 것이다. 원래 이 구절은 죄에 대한 유혹을 느낀다면 차라리 손을 자르는 것이, 그 손을 가지고 지옥에 들어가는 것보다 낫다는 뜻을 담고 있다. 따라서 와일드가 "꺼지지 않는 불길과 죽지 않는 벌레들"과 함께 있다는 것은, 이미 돌이킬 수없는 죄를 지었다는 뜻이다.

이어지는 제3연은 세상이나 신이 그가 죄를 지었다는 이유로 그에게 어떤 고통을 부과한다면, 기꺼이 그것을 감내하겠다는 다짐이 담겨 있다. 제4연은 그럼에도 불구하고 자신의 존재가 충분히 정당하다는 와일드의 강한 확신을 분명하게 전달한다. 그는 사랑해야 할 때 그 사랑을 외면하지 않았고, 즐거움을 누려야 할 때 그 기회를 놓치지 않았으며, 아름다움이 무엇인지 알고 온전히 향유해 왔기 때문이다.

제5연에서 그는 자신과 다른 삶을 살아온 사람들에 대해 이야기한다. 그들은 상식이나 사회 규범이라는 높은 울타리를 치고, 그 안에 자신의 영혼을 가두어 버린 사람들이다. 그들은 자유가 무엇인지도 알지 못한다. 그런 사람들에 비하면 자신은 아름다움, 자유, 그리고 영혼의 풍성함을 깊이 느끼며 살아왔다는 점에서 오히려 자랑스럽다고 생각한다.

제6-7연에서 와일드는 삶의 자유로움과 아름다움을 누리지 못하는 사람들을 은유적으로 비판한다. 구체적으로 제6연은 "점박이 매"가 높은 하늘을 가로질러 석양빛을 붙잡는 장면을 보여준다. 이는 속박되지 않은 영혼이 추구하는 고귀한 이상과 자유의 경지를 상징한다. 제7연은 평범한 "데이지"가 단 한 번의 햇빛에 만족하는 모습을 그린다. 제6-7연에 등장하는 "매"와 "데이지"는 숭고한 이상과 순수한 아름다움을 상징한다. 이를 통해 와일드는 자신이 그러한 자유와 아름다움을 추구하며 살아왔음을 은연중에 강조한다.

마지막 두 연에서 와일드는 자신의 삶이 결코 잘못되지 않았다고 강하게 주장한다. 비록 그의 사랑이 세상의 통념과 달라 사회가 그에게 원치 않는 가치와 규범을 강요할지라도, 그는 그 억압을 뚫고 자신답게 살아가겠다고 다짐한다. 그것이 곧 "사랑"으로 살아가고, "아름다움"을 향유하는 삶이라고 믿는다. 이 시는 와일드의 탐미주의적 세계관과 규범에 얽매이지 않는 사랑에 대한 자기변호가 뚜렷하게 드러난 작품으로, 그의 시 가운데 가장 널리 알려진 작품 중 하나이다.

Clifton and a Lad's Love

John Addington Symonds

He was all beautiful: as fair
As summer in the silent trees;
As bright as sunshine on the leas;
As gentle as the evening air.

His voice was swifter than the lark;
Softer than thistle-down his cheek;
His eyes were stars that shyly break
At sundown ere the skies are dark.

I found him in a lowly place:
He sang clear songs that made me weep:
Long nights he ruled my soul in sleep:
Long days I thought upon his face.

◆ leas: 풀밭, 초원
◆ lark: 종달새
◆ thistle: 엉겅퀴

클리프턴에서 피어난 소년의 사랑

존 애딩턴 시먼스

그는 몹시도 아름다웠다
고요한 숲의 여름처럼 어여쁘고
초원 위의 햇살처럼 환하고
저녁 공기처럼 부드러웠다

그의 목소리는 종달새보다 더 경쾌했고
그의 뺨은 엉겅퀴 솜털보다 더 부드러웠다
그의 눈은 어둑해지기 전 하늘에서
저무는 해를 수줍게 가로지르는 별 같았다

나는 낮은 곳에 있는 그를 보았다
그는 맑은 노래로 나를 울렸고
긴 밤 동안 잠든 내 영혼을 지배했다
긴 낮 동안 나는 그의 얼굴을 떠올렸다

작가 이야기: 삶과 사랑을 함께 품은 작가, 존 에딩턴 시먼스

시먼스(John Addington Symonds, 1840-1893)는 빅토리아 시대 후기에 활동한 저명한 학자이다. 1858년 옥스퍼드 대학교의 벨리올 칼리지(Balliol College)에 입학해 고전 그리스·라틴 문학을 전공한 후, 해당 분야의 저술을 지속적으로 발표하며 학문적 명성과 입지를 확립한다.

그의 대표작은 1875년부터 10년에 걸쳐 연속 출간한 7권짜리 대작 『이탈리아의 르네상스』(*Renaissance in Italy*)이다. 서구 문화사의 대전환점인 르네상스가 이탈리아에서 어떻게 발흥하고 전개되었는지를 폭넓게 심층적으로 고찰한 저술이다. 이 밖에도 그는 단테와 그리스 문화 연구에서 권위를 인정받았으며, 각종 정기 간행물에 비평문과 학술 논문을 활발히 기고한 부지런한 학자이다.

시먼스는 높은 학문적 성취만큼이나, 개인적 신념과 정체성 문제에서도 놀라울 만큼 솔직한 면모를 보인다. 당시 동성애자는 그 사실로 인해 받게 될 사회적 질시와 불이익을 우려해 대체로 자신의 성적 지향을 숨기는 경향이 있었다. 하지만 시먼스는 오히려 동성애 자체를 연구 대상으로 삼아 학문 영역으로 끌어들인다. 그가 저술한 『남성 사랑: 그리스 윤리학과 그 외 글』(*Male Love: A Problem in Greek Ethics and Other Writings*), 『현대 윤리학의 문제: 성 도착 현상의 탐구』(*A Problem in Modern Ethics: Being an Inquiry into the Phenomenon of Sexual Inversion*) 등은 이 분야의 기념비적인 작품이다.

그는 성적 정체성에서 비롯되는 갈등과 긴장을 학문적으로 분석하는 동시에, 자신의 정체성에 대해서도 진지한 고민을 이어간다. 그 결과 그는 집안 내력부터 어린 시절의 특성 등을 모두 포함한 매우 긴 자서전을 집필한다. 시먼스는 이 자서전을 유언집행자 호라티오 브라운(Horatio Brown)에게 맡기지만, 브라운은 1926년에 사망할 때까지 이를 출판할 엄두도 내지 못한다. 그만큼 자서전의 내용이 솔직하고 대담해 사회 통념에 어긋났고, 또 거의 대부분의 인물들이 실명이나 다름없이 거론되어 생존한 사람들의 명예를 손상할 가능성이 있었다. 결국 이 책은 동성애에 관한 터부가 덜해진 1994년에 이르러서야 온전히 출판된다. 현재 그의 학문적 글과 자서전은 빅토리아시대 후기의 동성애 문화를 이해하는 데 있어 매우 중요한 자료로 간주된다.

그의 자서전에 따르면, 시먼스는 10대 초반까지도 자신의 성 정체성을 명확하게 규정하지 못한 것으로 보인다. 이 무렵 그는 자신을 "남성적 활력이 부족하고 수줍어하는 성격으로 인해 고독했다"라고 묘사한다[15]. 하지만 얼마 지나지 않아 그는 난생 처음 경험하는 매우 강렬한 감정의 역동을 느낀다. 그는 이날의 일을 다음과 같이 기록한다. "그날 아침, 내 생애의 모든 아침 중에서도 유독 그 아침, 내가 앉아 있는 자리 맞은편 가까이에 한 성가대원의 모습이 눈에 들어왔다. 그의 목소리는 천상의 우수처럼 날카롭게 나를 사로잡았다. (…) 그날 오후와 저녁 내내 나는 윌리 다이어(Willie Dyer, 1843-1905)를 생각했다. 내가 어떻게 그의 이름을 알아냈는지는 기억나지 않는다. (…) 이전에는 결코 느껴본 적이 없는 감정이었다. 나의 피와 뇌가 아득한 혼돈 속에서 요동치고 있었다."[16] 그리고 마침내 시먼스는 다이어를 직접 만난다. 그가 자서전을 쓸 때는 이로부터 근 40년이 지난 후이다. 그런데도 이날의 일을 마치 어제처럼 생생하게 기억한다.

그토록 강렬했던 감정이지만 1858년 당시에는 누구에게도 털어놓을 수 없는 비밀이었다. 그는 이에 대해 "나는 나의 사랑을 비밀로 간직하고, 그 보물을 빈틈없이 끌어안았다. 그것은 나의 오래된 소중한 내적 자아의 마지막 꽃이었다"라고 고백한다.[17] 이후 시먼스의 삶에는 또 다른 연인이 있었고, 결혼하여 아내와 자녀도 두었지만, 그 어떤 관계도 첫사랑만큼 깊은 여운을 남기지는 못한다.

1893년 그는 만성적인 건강 문제로 고통받다가 이탈리아에서 사망한다. 그가 사망했을 때 옥스퍼드 대학의 많은 동료들과 학자들이 그의 죽음을 애도한다. 이는 그의 학문적 업적과 학자로서의 평판이 상당한 위치에 있었음을 말해준다. 하지만 1895년 와일드가 동성애 혐의로 투옥된 후, 시먼스가 평생을 쌓았던 헬레니즘 연구, 특히 그리스 동성애 관련 연구는 금기어가 된다. 그의 이름도 같은 처지에 놓인다. 세월이 흐르고 포스트모던 시대에 이르러서야 그의 학문적 업적과 삶이 재조명 받는다.

작품 이야기: Clifton and a Lad's Love
「클리프턴에서 피어난 소년의 사랑」

시먼스의 회고시 「클리프턴에서 피어난 소년의 사랑」("Cliffton and a Lad's Love")은 1893년 시먼스의 『푸르름의 선율과 다른 산문들』(*In the Key of Blue and Other Prose Essays*)에 처음 수록되었다. 하지만 실제로는 이보다 훨씬 이전에 완성된 것으로 추정된다. 시는 4행의 연이 총 34개가 있을 만큼 길다. 여기에서 수록된 부분은 그중 첫 번째 노래이다. 리듬은 일정하지 않으나, 각운은 규칙적인 abba 형태를 따른다.

클리프턴(Clifton)은 영국 잉글랜드 남서부에 있는 도시 브리스톨(Bristol)의 한 구역으로 시먼스의 삶과 깊이 연관된 곳이다. 그는 이곳에서 태어났으며, 10세 무렵부터는 '클리프턴 힐 하우스'(Clifton Hill House)라 불리는 유서 깊은 저택에서 거주한다. 더해서 1868년부터는 클리프턴 칼리지(Clifton College)*에서 교사로 재직한다. 이 때문에 이 노래에 등장하는 '그'의 정체에 대해서는 여러 의견이 있으나, 시먼스의 첫사랑인 윌리 다이어로 보는 견해가 가장 유력하다. 시 속의 "그는 맑은 노래로 나를 울렸고"라는 구절이 당시 성가대원이었던 다이어의 모습을 떠올리게 하기 때문이다.

클리프턴 칼리지에서 시먼스가 사랑한 인물은 '노먼'(Norman)이라 불리는 학생이다. 시먼스는 훗날 이 만남에 대해 다음과 같이 회고한다. "내가 노먼–본명은 아니다–이라 부르는 이 소년은 이후 몇 년 동안 내 삶에서 상당한 역할을 했다. 나는 그에게 더 가까이 다가가기 위해 클리프턴 칼리지에서 최상급 학년을 가르치겠다고 교장 퍼시벌(Percival)을 설득했다."[18] 여기서 최상급 학년이란 칼리지에서 대학 진학을 준비하는 중등학교 고학년을 말한다. 시먼스는 둘의 관계를 위해 최선을 다하지만, 사랑을 키워가기에 그리 좋은 여건은 아니었다. 당시 상급반이던 노먼은 이미 자기보다 어린 다른 소년에게 마음이 있었고, 시먼스는 결혼한

* 영국에서 칼리지(college)는 다양한 교육기관을 가리킨다. 종합 대학의 단과대학, 특정 분야를 중심으로 한 독립 대학뿐 아니라, 직업교육 과정이나 대학 입학을 준비하는 고학년 과정을 운영하는 중등 학교도 '칼리지'라고 부른다.

상태였다.

여러모로 다이어를 사랑할 때처럼 비밀스러운 열정으로 서로만을 바라보기는 어려운 상황이었지만, 시먼스는 이에 굴하지 않는다. 모든 장벽을 넘어 결국 두 사람은 함께 많은 시간을 보냈고, 시먼스의 일기는 '노먼'이라는 이름으로 가득 찬다. 시먼스는 '노먼'과 함께 했던 순간들을 대단히 아름다운 문체로 기록한다. 솔직하고 대담한 성적 표현도 여과없이 묘사한다. 때때로 그 정도가 과해 읽기에 낯뜨거운 부분들도 많다. 어떻게 그가 이토록 솔직할 수 있었는지, 또 어떻게 이 원고가 출판하길 바라며 타인의 손에 맡길 수 있었는지 의문이 생길 정도이다.

그러나 바로 그 대담함이 우리가 미처 예상하지 못했던 사실을 유추하는 단서가 된다. 즉, 오스카 와일드가 동성애 혐의로 처벌받기 이전에 학계와 예술계는 동성애에 대해 오늘날 우리가 생각하는 것보다 훨씬 유연했던 것으로 보인다. 또한 시먼스는 모든 연인의 이름이 가명이라고 밝혔지만, 관련된 지명·시기·사건은 비교적 사실적으로 서술한다. 이 때문에 독자들은 묘사된 인물의 정체를 충분히 짐작할 수 있다. 이는 그가 과거 연인들의 명예를 전혀 고려하지 않았거나, 그들의 정체가 드러나도 큰 문제가 되지 않으리라 판단했다고 추측된다. 만약 후자라면, 이 역시 당시 문화계가 동성애에 비교적 관대했다는 추론이 가능하다.

어느 것이 진실이건 간에, 와일드 투옥 이후 동성애에 대한 관용과 유연함은 완전히 사라진다. 시먼스의 회고록은 장서관에 근 100년을 보관되다 1994년에 비로소 출간된다. 그 덕분에 이제 독자들은 그의 회고록에 등장하는 "노먼"이 클리프턴 칼리지를 졸업한 노먼 무어(Norman Moor, 1851-1895)이며 합창단원이 아니었다는 사실을 알게 되었다. 또한 「클리프턴에서 피어난 소년의 사랑」은 노먼이 아니라 시먼스의 첫 사랑 다이어를 찬미한 시라는 것도 분명해졌다.

우리의 지구

The best thing one can do when it's raining is to let it rain.
비가 올 때 할 수 있는 제일 좋은 일은 그냥 비를 맞는 것이다.
- 헨리 워즈워스 롱펠로 -

For I Will Consider My Cat Jeoffry

Christopher Smart

For he is the cleanest in the use of his forepaws of any quadruped.
For the dexterity of his defense is an instance of the love of God to him exceedingly.
For he is the quickest to his mark of any creature.
For he is tenacious of his point.
For he is a mixture of gravity and waggery.
For he knows that God is his Saviour.
For there is nothing sweeter than his peace when at rest.
For there is nothing brisker than his life when in motion.
For he is of the Lord's poor, and so indeed is he called by benevolence perpetually-
Poor Jeoffry! poor Jeoffry! the rat has bit thy throat.
For I bless the name of the Lord Jesus that Jeoffry is better.
For the divine spirit comes about his body to sustain it in complete cat.
For his tongue is exceeding pure so that it has in purity what it wants in music.
For he is docile and can learn certain things.
For he can sit up with gravity, which is patience upon approbation.
For he can fetch and carry, which is patience in employment.
For he can jump over a stick, which is patience upon proof positive.
For he can spraggle upon waggle at the word of command.
For he can jump from an eminence into his master's bosom.
For he can catch the cork and toss it again.
For he is hated by the hypocrite and miser.
For the former is afraid of detection.
For the latter refuses the charge.
For he camels his back to bear the first notion of business.
For he is good to think on, if a man would express himself neatly.

- gravity: 중력, 엄숙함, 진지함
- waggery: 익살스러움, 장난기
- spraggle: 팔다리를 활짝 벌려 움직이다
- benevolence: 자비심, 박애
- eminence: 고지, 언덕, 혹은 명성

나의 고양이 제프리를 생각하며

크리스토퍼 스마트

그의 앞발 쓰는 솜씨는 네 발 짐승 중에 가장 깔끔하다
그의 능숙한 수비 동작은 하나님의 넘치는 사랑이 있음을 증명한다
그는 어떤 생물보다 목표에 빠르게 도달한다
그는 목표한 것에 굳게 집중한다
그는 진지함과 재롱을 겸비한 존재다
그는 하나님이 자신의 구세주임을 안다
그가 쉴 때의 평화로움보다 더 달콤한 것은 없다
그가 움직일 때의 생기보다 더 활기찬 것은 없다
그는 주님의 가련한 종, 그리하여 실제로 자비롭게 불리니
　　가련한 제프리! 쥐가 네 목을 물어뜯었구나
나는 제프리가 나아졌음에 주 예수의 이름으로 찬미한다
성령이 그의 몸을 감싸서 완전한 고양이로 있게 하셨도다
그의 혀는 몹시 깨끗하여 음악성은 부족하나 순결함을 갖추었다
그는 온순하여 여러 가지를 배울 수 있다
그는 진지하게 앉을 수 있으니, 이는 승인을 기다리는 인내이다
그는 물건을 물어 오갈 수 있으니, 이는 일에 임하는 인내이다
그는 막대를 뛰어 넘을 수 있으니, 이는 확증된 증거에 기대는 인내이다
그는 명령 한 마디에 몸을 튕기듯 흔들며 움직인다
그는 높은 곳에서 주인의 품으로 훌쩍 뛰어내릴 수 있다
그는 코르크 마개를 잡아 다시 던질 수 있다
그는 위선자와 구두쇠에게 미움을 받는다
위선자는 들통날까 두렵기 때문이다
구두쇠는 책임지는 일을 거부하기 때문이다
그는 등을 낙타처럼 굽혀 일을 시작할 자세를 취한다
사람이 자신의 생각을 단정하게 표현하려 할 때, 그는 훌륭한 비유가 된다

작가 이야기: 작은 생명의 경이로움을 노래한 시인, 크리스토퍼 스마트

스마트(Christopher Smart, 1722-1771)는 이성의 시대, 계몽의 시대, 그리고 신고전주의(Neo-Classicism) 시대를 살았다. 데카르트의 합리론 이후 서양에서는 이성과 과학이 더 이상 기독교와 마찰을 빚지 않고 공존하게 된다.[19] 종교와의 갈등이 해소된 과학적 이성은 사회적으로 지향해야 할 가치로 숭상받는다. 세계를 이해하고 지식을 축적하기 위해 전통적인 종교나 신학이 아닌 이성과 실증적 증거에 역점을 두는 시대가 열린 것이다.

신고전주의는 르네상스 고전주의 전통을 잇는 흐름으로, 이성주의 시대의 영향 속에서 이성과 합리를 중시하는 문예 양식으로 발전한다. 이 시기에 시인이 갖추어야 할 덕목은 "객관적이고 논리적이며 보편적이고 합리적인 양식과 이성"이며, 좋은 시는 "자연의 질서 법칙이자 문예 창작의 적정률을 자신의 양식(good sense)과 이성을 잘 반영해 쓴 작품"이다.[20] 스마트와 친밀한 관계였던 동시대 작가 사무엘 존슨(Samuel Johnson)이나 헨리 필딩(Henry Fielding)의 작품은 이러한 기준에 잘 부합한다.

반면에 스마트는 '이성'보다 종교에 더 깊은 관심을 둔다. 그는 종교적으로 헌신하는 삶이 이성적·과학적 시각으로 세상을 계몽하는 것보다 훨씬 더 가치 있다고 생각한다. 자신의 문학적 재능을 찬송가 작곡에 바친 것도 이 때문이다. 현재 오랜 찬송가를 모아놓은 온라인 사이트 "Hymnary.org"에는 스마트가 완성한 찬송가 17편이 게시되어 있으며,[21] 그의 찬송가 중에서 「깨어나라, 깨어나라, 그대는 신의 성자」("Awake, Awake, Ye Saints of God") 등은 지금도 영국 교회에서 불린다.

문제는 스마트의 지나친 종교적 열의가 동시대에 매우 특이하게 보였다는 사실이다. 당시 많은 사람은 그를 광인 혹은 정신병자라고 보았다. 그의 친구였던 사무엘 존슨은 스마트의 광기를 다음과 같이 기록한다. "나의 불쌍한 친구 스마트는 길거리에서 혹은 다른 평범치 않은 장소에서 무릎을 꿇고 기도를 하며, 혼란한 정신 상태를 드러내었다. 이제 와 이성적으로 말하자면, 스마트처럼 기도하는 것보다 전혀 기도하지 않는 것이 더 큰 광기이지만 말이다."[22]

결국 스마트의 가족은 그를 격리 수용한다. 스마트는 1756년부터 1760년까지 가족과 떨어져 독거 생활을 하며 감금되었으나 상태가 호전되지 않는다. 이에 1760년부터 1762년까지 아예 정신병원에 수용된다. 스마트는 이 일로 큰 상처를 받는다. 이후 그는 가족과 다시는 함께 살지 않고, 자신의 작품도 이전의 출판업자에게 맡기지 않는다. 그의 책을 펴내던 출판인 중에 장인 존 뉴베리(John Newbery)가 있었기 때문이다. 스마트는 이들 모두가 자신의 불행에 책임이 있다고 확신한다. 그의 문학적 위치도 급변한다. 1750년부터 종교시를 쓰며 일찍이 두각을 나타냈지만, 광신도라는 이유로 감금된 후에는 다시 그러한 위치를 되찾지 못한다.[23]

그의 상태가 실제로 정신병원에 입원할 정도였는지는 단정할 수 없다. 물론 그가 동시대 기준으로 상당히 특이했던 것은 분명하다. 그는 1751년부터 "메리 미드나이트 부인"(Mrs. Mary Midnight)라는 가명을 사용하는데, 이 이름은 헨리 필딩(Henry Fielding)의 소설 『도시 처녀 루시』(*Miss Lucy in Town*)에서 따온 것이다.[24] 여기서 '메리'는 주인공 루시의 집주인인 윌슨 부인(Mrs. Wilson)의 하녀로, 지극히 작은 역할에 불과하다. 대학 교육까지 마친 스마트 같은 신사가 신분이 낮고 존재감조차 미미한 여성의 이름을 필명으로 선택한 것은, 겸손의 표시일 수 있다. 혹은 그럼에도 자신의 작품은 인정받을 수 있다는 자신감의 표시일 수도 있다. 하지만 당대에는 점잖지 못하고 기이한 일이라고 받아들여졌다.

어느 쪽이 맞든 간에, 정신병원 감금으로 인해 주저앉지만 않았다면 그의 특별한 재능은 훨씬 더 풍성하게 피어났을 것이다.

작품 이야기: For I Will Consider My Cat Jeoffry 「나의 고양이 제프리를 생각하며」

스마트의 「나의 고양이 제프리를 생각하며」("For I Will Consider My Cat Jeoffry")는 장시 「주빌라테 애그노」("*Jubilate Agno*")의 일부이다. 라틴어로 '그 양 안에서 즐거워하라'(Rejoice in the Lamb)라는 뜻으로, 정신병으로 감금되어 있던 시절에 완성한 작품이다. 이 시는 전체 1,200행이 넘는 방대한 작품으로 두 파트로 나뉘어 있다. 그 중 첫번째 파트는 거의 모든 문장이 "하게 하라"(Let)로 시작하고 두번째 파트는 "때문에"(For)로 시작한다. 여기서 함께 읽은 시는 두번째 파트에서 온 것이다.

당시 대부분의 장시는 2행 연구(couplet), 즉 인접한 두 행마다 각운을 맞추는 전통적인 형식을 따랐다. 하지만 스마트는 당대의 작시법 관행 중 어떤 것도 지키지 않는다. 이 시에는 일정한 각운 구조도 없고 규칙적인 리듬도 없다. 이러한 특징은 어떤 규칙에도 얽매이지 않고 마음속에 떠오르는 생각을 그대로 담아낸 자유시의 특징에 가깝다. 규칙과 균형, 절제와 상식을 중시한 신고전주의 시대에 스마트가 얼마나 시대와 동떨어진 시인이었는지를 잘 보여준다.

내용상 「주빌라테 애그노」는 종교시로 분류된다. 이 시의 대장정을 시작하는 첫 행이 "주님 안에서 기뻐하라, 오, 그대 노래하라. 주님께, 그리고 양에게 찬양을 바치라"(Rejoice in God, O ye Tongues; give the glory to the Lord, and the Lamb)[25]인 것만 보아도, 이 시가 찬양의 목적에서 시작되었음을 알 수 있다. 따라서 「나의 고양이 제프리를 생각하며」 또한 긴 찬양가의 일부이다. 스마트가 고양이를 세밀하게 관찰하고 묘사하는 것은 고양이를 향한 사랑의 마음에서 비롯된다. 하지만 동시에 고양이라는 존재를 통해 신의 창조의 위대함과 섬세함을 찬양하려는 마음도 반영되어 있다. 그는 고양이의 절묘한 움직임, 우아한 몸동작, 사냥 본능, 그럼에도 불구하고 쥐에 물리는 연약하고 순수한 모습이 모두 창조주의 특별한 사랑을 받았기 때문이라고 말한다.

스마트는 여기서 '진지함'(gravity)라는 단어를 두 번 사용한다. 첫 번째 "진지함과 재롱"에서는 고양이가 진지함과 장난스러움을 동시에 지닌 존재임을 나타내고, 두 번째 "진지하게 앉을 수 있으니"에서는 고양이의 인내심을 부각한다. 반면에 'gravity'를 현대적 의미의 '중력'으로 번역한다면, 전혀 다른 해석이 된다. 첫 번째 구절은 "고양이가 중력과 재롱을 함께 지녔다"는 뜻이 되고, 두 번째 구절은 "고양이가 중력을 완벽히 통제한다"는 의미가 된다.

현대인은 중력의 법칙을 잘 알고 있지만, 스마트가 살았던 18세기에 중력은 새로운 개념이었다. 하지만 스마트는 이 단어를 반복적으로 사용해 자신이 아이작 뉴턴(Isaac Newton, 1642-1726)의 과학을 알고 있다고 암시한다. 하지만 그는 그러한 선진적인 지식을 이성적이고 과학적인 시를 위해 사용하지 않는다. 오히려 고양이처럼 작은 동물도 뉴턴의 중력 법칙을 이미 체득하고 있다고 말함으로써, 이를 대단한 과학적 발견으로 떠받드는 당대 풍조를 은근히 풍자한다. 나아가 고양이의 놀라운 재간과 생명력 자체가 창조의 위업을 증명하는 살아 있는 증거임을 강조한다.

고양이가 위선자와 구두쇠에게 미움을 받는다고 표현한 것은 인간 사회를 풍자한 것이다. 위선자는 자신의 진실한 모습을 드러내는 것을 두려워하기 때문에, 있는 그대로 솔직한 고양이를 불편해한다. 구두쇠는 책임을 떠안는 일을 꺼리기에, 제 할 일을 주저 없이 해내는 고양이가 못마땅하다. 스마트는 인간의 부조리함을 고양이의 순수한 본성에 비추어 더욱 부각시킨다.

마지막에 이르러 스마트는 고양이의 군더더기 없는 움직임과 정확한 행동을 인간의 언어 습관과 비교한다. 스마트는 인간이 자신의 사고를 표현할 때도 고양이처럼 '불필요한 것을 덜어내고 본질을 전달하는 말'을 구사해야 한다고 역설한다. 이는 인간이 고양이 제프리보다 명료한 표현과 정직한 사고에서 뒤처진다고 은근히 비꼬는 것이다. 결국 제프리는 단순한 고양이가 아니라 신의 창조를 드러내는 상징이자 인간의 모순을 비추는 거울이다.

Binsey Poplars: Felled 1879

Gerard Manley Hopkins

My aspens dear, whose airy cages quelled,
Quelled or quenched in leaves the leaping sun,
All felled, felled, are all felled;
Of a fresh and following folded rank
Not spared, not one
That dandled a sandalled
Shadow that swam or sank
On meadow & river & wind-wandering weed-winding bank.

O if we but knew what we do
When we delve or hew
Hack and rack the growing green!
Since country is so tender
To touch, her being so slender,
That, like this sleek and seeing ball
But a prick will make eye at all,
Where we, even where we mean
To mend her we end her,
When we hew or delve:
After-comers cannot guess the beauty been.
Ten or twelve, only ten or twelve
Strokes of havoc unselve
The sweet especial scene,
Rural scene, a rural scene,
Sweet especial rural scene.

- delve: 깊이 파헤치다
- country: 시골, 전원, 자연풍경이 남아있는 지역
- slender: 연약한, 힘없는
- this sleek and seeing ball: 매끄럽고 빛나는, 세상을 보는 구슬 (여기서는 인간의 안구)
- unselve: 자아를 해체하다

빈지의 미루나무들: 1879년 베어지다

제라드 맨리 홉킨스

사랑하는 내 미루나무들, 공중에 뜬 새장처럼
솟아오른 태양 빛을 나뭇잎 속에 가두고 가두어 잠재웠는데
모두 쓰러졌다, 모두 쓰러졌다, 모두 쓰러졌다
하나의 싱그러움도, 잇따라 포개지는 무성함도
남지 않았다 하나도 남지 않았다
초원 위로 강물 위로
바람이 유유자적 휘감던 강둑 위로
가죽끈 매달아 놓은 듯한 그림자들이 멱 감고 자맥질하며 까불거렸는데

오 우리가 파내거나 벨 때
자라는 초목을 난도질하고 고문할 때
우리가 무슨 짓을 하는지 안다면!
전원은 너무나 부서지기 쉽고
만지기에 너무나 가냘파
이 반들거리는 눈동자처럼
한 번의 찌름으로도 눈이 멀고 말리라
우리가, 우리가 바로 잡으려 해도
우리가 베거나 파헤칠 때도
우리는 전원을 죽이고야 말리라
나중에 오는 이는 옛 아름다움을 짐작도 못 하리
열 번 혹은 열두 번, 다만 열 번이나 열두 번
도끼로 난자하면 사라지고 말리라
그 아름답고 특별한 풍경
전원의 풍경, 전원의 풍경
아름답고 특별한 전원의 풍경은

작가 이야기: 창조의 숨결과 상실을 함께 노래한 시인, 제라드 맨리 홉킨스

제라드 맨리 홉킨스(Gerard Manley Hopkins, 1844-1889)는 가톨릭 예수회 사제이자 19세기 후반기의 영국을 대표하는 시인이다. 문학사에서는 종교 시인이자 자연 시인으로 분류된다. 그는 영국 국교회 고교회파(High Church Anglican) 가정에서 태어나 옥스퍼드 대학 벨리올 칼리지에 입학한다. 학업 성적이 매우 우수했으나, 재학 중 심각한 종교적 갈등을 겪은 끝에 로마 가톨릭으로 개종하면서 영국 주류 사회에서의 모든 성공 가능성을 포기한다. 예수회 사제가 된 것은 이 개종의 의미를 끝까지 지켜내기 위한 선택이다.

홉킨스는 생전에는 시인으로 거의 알려지지 않았다. 시 창작이 가톨릭 사제로서의 소임에 도움이 되지 않는다는 이유로, 창작의 욕구를 스스로 억제했기 때문이다. 실제로 그는 예수회에 입회한 이후 약 7년간 시를 쓰지 않았으며, 이후에도 여러번 자신의 의지에 따라 길게는 1년 이상, 짧게는 몇 달간 창작을 중단한다. 또한 그는 자신의 시를 예수회를 거쳐 출판해야 한다는 원칙을 고수한다. 이 때문에 예수회 입회 후 7년 만에 처음으로 완성한 시 「도이칠란트호의 난파」("The Wreck of the Deutschland")와 다른 시 한 편을 예수회 잡지 『더 먼스』(*The Month*)에 투고한다. 하지만 시의 형식적 난해함과 복잡한 의미를 꺼려한 당시 편집자가 이 시들을 출판해주지 않는다. 이후 홉킨스는 자신의 시가 예수회의 전통적인 분위기에 맞지 않는다고 판단해 더 이상 시를 출판하려 애쓰지 않는다. 그로부터 100년이 지난 1975년 『더 먼스』는 이 일에 대해 공식적으로 사과한다.

그가 평생 완성한 시는 미완성 시편을 다 합쳐도 2백 편이 되지 않는다. 이는 각 시대를 대표하는 다른 시인들에 비해서 매우 적은 편이다. 그럼에도 시인으로서 홉킨스의 의미는 결코 적지 않다. 그는 소설이 문학의 주류가 되고 세속주의가 확산되던 빅토리아시대 후반기에 걸출한 시를 남김으로써 시 문학사의 명맥을 이어간다. 또한 깊은 신앙심을 시에 담아냄으로써, 17세기 이후 단절된 영국 종교시 전통을 되살린다. 그의 시는 세속주의 시대 한편에서 오히려 더욱 절실히 절대자를 찾는 흐름이 존재했음을 여실히 보여준다.

또한 그는 자연의 아름다움을 신앙적 관점에서 노래한 시인이다. 그의 자연시의 특별한 점은 신학적으로 완벽하게 가톨릭적 세계관 속에 있다는 점이다. 이 때문에 그의 자연시는 낭만주의적 자연시에서 종종 발견되는 범신론(만물에 신성이 깃들었다는 이론)적 특성에서 벗어나 있다. 이런 이유로 오늘날 문학계는 홉킨스를 존 던(John Donne), 조지 허버트(George Herbert)와 함께 영문학의 '3대 종교 시인'으로 꼽는다. 또한 많은 비평가는 그를 현대 시의 출발점으로 평가한다. 그의 시가 과감한 실험정신으로 동시대를 지배했던 관습적 리듬과 형식적 규약에서 벗어났기 때문이다. 더해서 소외의 고통, 존재에 대한 끝없는 의문, 어두운 심리 등을 탐구해 현대적 인간상을 구현한 것도 그 이유로 평가된다.

홉킨스의 시인으로서의 경력은 대략 네 시기로 나눌 수 있다. 제1기는 '초기 시'의 시기로, 학창 시절부터 예수회 입회 전까지의 작품이 이에 해당된다. 그는 예수회에 들어가기 전에 종교에 헌신하겠다는 이유로 이 시기의 원고를 모두 불태웠으나, 대학 시절 친구인 로버트 브리지스(Robert Bridges)가 일부 보관해서 오늘날까지 전해진다.

제2기는 예수회 사제 수련기 막바지에 쓴 「도이칠란트호의 난파」와 이후 완성한 종교적인 자연시들이 포함된다. 형식적 실험이 두드러지고, 자연을 가톨릭 신학의 관점에서 노래한 것이 특징이다. 이 때문에 그의 자연시는 '시로 된 찬송가'라는 평가를 받는다. 제3기는 교구 사제로서 사목 활동을 하던 시기에 해당한다. 이 시기에는 주로 인간에 대한 연민과 사랑을 노래하지만, 자연시에서는 묵시론(세계의 파괴·소멸·종말을 암시하거나 예언하는 기독교 이론)적 시각을 드러낸다. 그가 대도시에서 목격한 비관적인 세계의 양상이 반영되었기 때문이다.

제4기는 아일랜드에서 대학교수로 봉사하는 동안 겪은 심리적·육체적 고통을 반영한 시들이 대부분이다. 특히 비평계는 이 시들을 모아 '어둠의 소네트'(The Dark Sonnets) 혹은 '고통의 소네트'(The Terrible Sonnets)라 부른다. 그를 고통으로 몰아간 주요 원인은 종교적, 영적 완성을 향한 구도자로서의 갈등이다. 하지만 당시 그가 겪은 소외의 고통, 대학교수라는 역할이 주는 갈등과 과중한 업무, 아일랜드의 정치적 문제 등도 상당한 요인으로 작용한다.

그는 영국으로 돌아가기를 간절히 바랐으나, 아일랜드에서 열병에 걸려 44세에 생을 마감한다. 그의 임종은 아일랜드 예수회와 그의 부모가 지켰으며, 그가 마지막 남긴 말은 "나는 아주 행복합니다. 나는 아주 행복합니다"(I am so happy, I am so happy)로 알려져 있다.[26]

작품 이야기: Binsey Populars: Felled 1879 「빈지의 미루나무들: 1879년 베어지다」

홉킨스의 「빈지의 미루나무들: 1879년 베어지다」("Binsey Populars: Felled 1879") 는 총 24행이며 형식은 규칙적이지 않다. 그가 직접 고안한 '스프렁 리듬'(Sprung Rhythm)이 사용되었기 때문이다. '스프렁'이라는 말은 튀어오른다는 의미의 'spring'에서 착안한 것이다. 홉킨스는 이 리듬을 통해 시가 일상적인 영어처럼 자연스럽게 들리면서도 말의 자연스러운 리듬이 생동감있게 살아나기를 바랐다. 이 때문에 그는 강세와 약음이 규칙적으로 반복되는 기존 리듬 규칙을 과감히 버린다. 더해서 두운(alliteration)을 즐겨 사용해 리듬의 강렬함을 한층 높인다. 이 리듬으로 완성한 첫 작품이 바로 「도이칠란트호의 난파」이다. 당시 예수회 잡지는 이 시를 매우 낯설어 해 출판을 꺼린다.

부제 '1879년 베어지다'에서 알 수 있듯, 「빈지의 미루나무들」은 홉킨스가 옥스퍼드에서 1879년 직접 목격한 나무 벌목 사건을 바탕으로 쓴 작품이다. 그가 자주 산책하던 강가에는 멋진 미루나무들이 줄지어 서 있었는데, 어느날 그것들이 모두 베어져 사라진 것을 발견한다. 그는 이 광경에 깊이 슬퍼하며, 인간이 얼마나 쉽게 자연을 파괴하는지를 한탄한다. 첫 행의 "사랑하는 내 미루나무들"이라는 호칭은 미루나무에 대한 시인의 깊은 애정이 담겨 있다. 시속의 "poplars"와 "aspens"은 서로 다른 나무지만, 우리나라에서는 영국과의 자생종 차이와 초기 번역 관습에 따라 일반적으로 '미루나무'로 함께 번역되어 왔다.

미루나무는 '공중에 뜬 새장'이라고 묘사된다. 이는 나무가 나뭇잎들 사이로 내려오는 빛을 머금고 있기 때문이자, 하늘로 솟아오르는 생명력과 아름다움을 보여주기 때문이다. 그 덕분에 바로 이어서 반복되는 "모두 쓰러졌다"는 상실의 충격과 절망을 더욱 선명하게 각인시킨다. 과거에 나무들은 바람에 유유히 흔들리는 그림자를 드리워 자연 전체에 생동감을 불어넣었다. 이는 나무가 단지 개별 생명체로 존재한 것이 아니라, 전체 생태계 속에서 서로 어울리며 공존하고 있었다는 뜻이다. 그러나 이제 그러한 풍경은 사라지고 없다.

시의 후반부는 인간의 무분별한 자연 훼손을 강한 어조로 고발한다. "난도질하고 고문할 때"라는 표현은 벌목을 폭력적 범죄에 빗대고 있다. 인간의 단 한번 잘못된 손길에도 자연은 회생 불가능하게 훼손될 수 있는 존재임을 강조한다. 특히 '반들거리는 눈동자'라는 비유는 절정의 충격을 안겨준다. 나무 한 그루와 풀 한 포기의 생명 파괴도 우리 눈이 찔리는 것과 같은 고통으로 인식해야 한다는 시인의 신념이 담겨 있다.

시 속에서 "전원"(country)은 다의적인 표현이다. 이를 '전원'으로 해석하면, 마치 정원처럼 화자가 즐겨 찾던 곳이자, 신의 눈에 아름다운 마당과 같은 장소를 의미한다. 이 경우 에덴동산의 상징으로 읽을 수도 있다. 반면 '시골'로 해석하면, 훼손되지 않은 순수한 자연의 모습을 그대로 간직한 공간이라는 뜻이 된다. 홉킨스는 인간의 관점에서 경관을 '더 아름답게' 가꾸겠다는 명목으로 자연에 손대는 것조차 단호하게 반대한다. 그에게 자연은 그 자체로 이미 완벽하고 아름답기 때문이다. 만약 인간이 그것을 훼손한다면, 이후 이 땅을 찾는 사람들은 그 아름다움을 다시는 볼 수 없을 것이라고 경고한다.

신학적으로 그는 자연의 아름다움이 창조의 완벽함을 증명하는 것이라고 확신한다. 이 때문에 자연 파괴가 결국 인류 전체가 맞닥뜨릴 위기로 이어질 것이라고 염려한다. 이는 가톨릭 사제로서 신학적으로 해석한 것이지만, 오늘날 비평가들은 인간과 자연을 운명 공동체로 보는 그의 시각에서 생태주의적 철학을 발견한다.

희생과 봉사

Firefighters save more than homes.
They save hearts, memories and dreams.
소방관들은 불길에서 집만을 구하는 것이 아니라
우리의 마음과 추억과 꿈을 지켜낸다.
- 더 헬레닉 이니셔티브 -

Farewell to a Name and Number

Alfred Edward Housman

Farewell to a name and a number
  Recalled again
To darkness and silence and slumber
  In blood and pain.

So ceases and turns to the thing
  He was born to be
A soldier cheap to the King
  And dear to me;

So smothers in blood the burning
  And flaming flight
Of valour and truth returning
  To dust and night.

◆ number: 군번

이름과 군번에 작별을

알프레드 에드워드 하우스먼

이름과 군번에 작별을 고하니
  다시 불려 나왔다가
어둠과 침묵과 잠 속으로
  피와 고통 속으로 되돌아간다

이제야 멈추고 마침내
  태어날 때 정해진 그의 운명으로 돌아간다
왕에게는 값싼 병사
  내게는 소중한 사람

이제야 불꽃을 내며 타오르는
  용기와 진실의 날갯짓이
피 속에서 질식하고
  흙과 밤으로 되돌아간다

작가 이야기: 전쟁과 희생을 담은 절제의 시선, 알프레드 에드워드 하우스먼

알프레드 에드워드 하우스먼(Alfred Edward Housman, 1859-1936)은 옥스퍼드 대학교 세인트 존스 칼리지(Saint John's College)에서 고전학을 전공한 뒤, 특허청에서 오랫동안 공무원으로 근무한다. 공직에 있으면서도 학문 연구를 꾸준히 이어간 끝에 1892년 마침내 유니버시티 칼리지 런던(University College London)의 교수로 임용된다. 그의 성실함과 학문에 대한 열정을 엿볼 수 있는 대목이다.

그는 유니버시티 칼리지 런던에 재직 중 고전학 연구로 좀 더 명성을 쌓아, 1911년 캠브리지대학교로 자리를 옮긴다. 하우스먼은 당대 고전학 분야에서 손꼽히는 탁월한 학자였지만, 사적으로는 매우 조용한 삶을 산다. 거의 은둔에 가까운 생활을 하며 오직 연구에만 몰두한다. 개인적인 삶도 단출해서 평생을 독신으로 지낸다. 하우스먼은 학자로서의 정체성을 무엇보다 중시했기 때문에, 시인으로서의 역할이나 위치는 크게 고려하지 않는다. 이 때문에 생전에 겨우 두 권의 시집을 발표했고, 사후에 유고 시집이 한 권 더 출판되어, 총 175편의 시를 남긴다.

이 가운데 1896년 처음 출판된 『슈롭셔의 사내』(*A Shropshire Lad*)가 그의 시 세계 전반을 관통하는 특징을 선언적으로 보여준다. 이 때문에 이 작품은 그의 시 세계를 논할 때 가장 먼저 거론된다. 그의 시는 전반적으로 우울, 비관, 염세 등 비극적 분위기로 가득 차 있다. 이는 고립적이고 은둔하는 삶에 자연스럽게 배어든 우울의 정서와, 어린 시절 무신론자가 된 이후 형성된 부정적 세계관에서 비롯된다. 여기에 빅토리아 시대 말기의 세기말적 분위기도 영향을 미친다. 그가 아무리 고립된 삶을 살았다고 하나, 그도 시대의 영향에서 완전히 분리될 수는 없는 일이다.

이러한 이유로 그의 시는 동시대의 토머스 하디와 자주 비교된다. 두 사람 모두 사회를 비판적으로 바라보는 염세주의자라는 점에서 비슷하다. 하지만 하우스먼은 하디에 비해 인간에 대한 연민을 드러내는 경우가 훨씬 적다. 그렇다고, 하디처럼 날카롭고 냉소적인 시선을 드러내지도 않는다. 오히려 차분함과 절제력이 하우스만의 작품 전반에서 느껴진다. 이 때문에 그의 시에서는 학자적 기품이 배어 나온다고 말하기도 한다.

하우스먼의 시가 발표된 시기만 보면 모더니즘 계열로 분류하기 쉽지만, 그의 시는 빅토리아 시대 말기의 특징에서 크게 벗어나지 않는다. 이는 고전학자라는 정체성이 그에게 새로운 실험보다 과거의 전통에 더욱 무게를 두도록 만들었기 때문으로 추측된다. 이와 별개로 현재 그는 문학사에서 전쟁 시인으로 분류된다. 문학사에서 전쟁시 장르가 본격적으로 형성된 것은 제1차 세계대전부터이다. 이때의 전쟁시는 대체로 참전 군인들의 시여서 매우 직접적이고 고발적이다. 반면에 하우스먼의 전쟁시는 직접적인 전투 경험에 기초하지 않는다. 그럼에도 많은 작품에서 전쟁의 비극과 그것에 휘둘리는 사람들의 운명을 사실적으로 그려내어, 전쟁 시인이라는 평가를 받기에 충분하다.

하우스먼이 시적 화두로 삼은 전쟁은 영국이 제국주의 확장을 위해 남아프리카에서 치른 보어 전쟁(The Boer War)이다. 일반적으로 보어 전쟁시는 제1차 세계대전을 담은 전쟁시와는 다른 경향을 보인다. 제1차 세계대선과 함께 부상한 전쟁 시인들은 주로 전쟁의 허상과 문명의 폭력성을 고발한다. 반면에 보어 전쟁을 다룬 서사는 영국 제국에 대한 애국심과 긍지, 그리고 전쟁의 참상에 대한 연민과 고통을 뒤섞는다. 하우스먼의 전쟁시 또한 이러한 양가적 감정을 담아낸다. 이 때문에 그의 시는 병사들의 고통과 죽음을 통해 전쟁의 잔인함과 해악을 강조하는 한편, 전쟁 참여를 정당화하는 듯한 분위기를 띈다. 이 가운데 특히 애국주의 정서와 국민으로서의 책임과 헌신을 강조하는 모습은 빅토리아시대의 특징이다.

그럼에도 하우스먼의 시는 현대시의 형성에 적지 않은 영향을 미친 것으로 평가된다. 그는 장황한 이야기 전개를 배제하고, 순간의 장면과 정서를 응축해 전달하는 반(反)서사적 구조를 즐겨 사용한다. 이는 모더니즘 경향의 시가 긴 서사에서 벗어나 단편적이고 인상적인 이미지에 집중하는 것에 영감을 준다. 또한 그의 시에는 개인적 고립감, 죽음에 대한 집착, 삶의 부조리에 대한 인식 등 비관과 소외의 정서가 깊이 스며 있다. 이는 전쟁 이후 모더니즘 시가 공유하는 비극적 세계관과 맞닿아 있다. 학자적 성향을 반영한 절제되고 간결한 언어 사용도 감정과 정서를 억제하는 모더니즘 계열 시의 발전에 영향을 미친 것으로 본다. 그의 시가 이처럼 현대시와 깊이 호응하며 큰 영향을 남긴 것과 달리, 하우스먼은 말년까지 학자로서 고독한 삶을 이어가다 1936년에 조용히 세상을 떠난다.

작품 이야기: Farewell to a Name and Number 「이름과 군번에 작별을」

하우스먼의 「이름과 군번에 작별을」("Farewell to a Name and Number")은 1896년 출판된 시집 『슈롭셔의 사내』에 수록된 63편의 시 가운데 14번째 작품이다. 전체 12행으로 이루어진 매우 단출한 시이다. 각운은 abab로 규칙적이나 리듬은 일관되지 않는다. 하지만 시행의 길이가 외형상 일정해 정형시의 틀을 의식한 흔적이 뚜렷하다. 인쇄 시대 이후 시는 청각적 리듬뿐 아니라 시각적 형식미에서 가치를 두었기 때문에, 이러한 '겉모습의 정형성'이 종종 발견된다.

스롭셔(Shropshire)는 하우스먼의 고향 우스터셔(Worcestershire)와 인접한 지역으로, 그가 어린 시절 많은 시간을 보낸 곳이다. 이곳의 평화로운 자연 경관이 그의 문학적 영감의 중요한 원천이 된다. 이 시에서 스롭셔 출신의 젊은이는 보어 전쟁에서 전사한 군인이다. 전사한 뒤 그에게 남은 것은 '이름'과 '군번'뿐이다.

제1연에서 시인은 이 이름과 군번에 작별을 고한다. 작별을 고하기 위해서는 어쩔 수 없이 이름과 군번을 불려야 한다. 이 때문에 "다시 불려나왔다가"라는 표현을 쓴다. 다시 불려 나온 군인의 영혼은 애초에 왔던 "어둠", "침묵", "잠", 그리고 "피와 고통 속으로" 돌아간다. 어둠, 침묵, 그리고 잠은 전통적으로 죽음의 세계를 상징한다. 따라서 작별을 고하는 시인의 행위는 젊은 군인에게 영원한 안식을 기원하는 애도의 행위로 비춰질 수 있다. 하지만 군인의 이름과 군번이 "피와 고통 속"에서 왔다가 그곳으로 되돌아간다고 말해, 그 군인이 평안에 이르지 못했다고 암시한다. 동시에 살아 생전에 그가 겪었던 전쟁의 참혹함도 강조한다.

제2연은 젊은이가 마침내 정해져 있던 운명으로 돌아갔다고 말한다. 그러나 그 '운명'은 아이러니하게도 전쟁터에서 죽음을 맞는 것이다. 국가와 군주에게 값싼 병사로 소모되는 그의 삶은, 전쟁터에서 생명이 어떻게 그 절대적 가치를 잃고 무의미하게 소모되는지를 뚜렷하게 보여준다. 따라서 시인이 군인을 "소중한 사람"이라 칭하는 구절은 인명을 귀하게 여기지 않는 세상에 대한 경종이다. 동시에 그들의 희생을 진정으로 애도하고 이해하는 존재가 있음을 알리는 위로의 목소리이기도 하다.

제3연에서 시인은 젊은이가 영원히 죽음의 세계에 머물기를 바란다. "불꽃"은 청춘의 열정을, "용기"는 조국을 위해 기꺼이 목숨을 바치는 결단을, "진실"은 그가 지녔던 순수함을 각각 의미한다. 이러한 표현들은 제국주의 전쟁 시기에 젊은 병사들을 찬미할 때 흔히 사용되던 관습적 어휘들이다. 그러나 하우스먼은 이러한 찬란한 말들 뒤에 "피"와 "흙과 밤"을 배치해, 병사의 젊음이 전쟁 속에서 얼마나 허망하게 소멸됐는지를 강조한다. 전쟁을 찬미하는 전통적 언어를 활용하면서도, 오히려 역설적으로 전쟁 비판의 목소리를 담아낸 것이다. 더해서, "피 속에서 질식하고"라는 표현은 전쟁의 폭력성과 파괴성을 집약적으로 전달한다.

많은 비평가는 하우스먼의 삶에서 강한 금욕주의적 태도를 발견하며, 이러한 태도가 시의 절제된 구성과 간결한 표현으로 이어졌다고 말한다. 이 작품에서도 감정을 절제하고 압축적인 시어로 정서를 전달하는 특징이 뚜렷하다. 하지만 그의 금욕주의는 흔히 말하는 종교적 금욕주의와 거리가 멀다. 그는 어린 시절 어머니의 이른 죽음을 겪은 뒤 회의주의자가 되어 평생을 무신론자로 지낸다. 이 때문에 그는 인간의 사후 세계에 종교적 상상력을 덧입히지 못하고, 죽음의 세계를 그저 "흙과 밤"으로 묘사한다. 바로 이 점이 군인의 죽음을 한층 더 비극적으로 만든다.

하우스먼은 간결한 시어와 절제된 표현을 통해 전쟁의 비극을 담담히 드러내지만, 그 이면에는 젊은 생명을 잃는 것에 대한 깊은 슬픔이 흐른다. 이러한 슬픔이 바로 그의 시를 다른 전쟁시보다 더욱 가슴 깊이 와닿게 만드는 힘이다. 여담이지만, 그는 생전에 "금욕주의를 매우 싫어하고 경멸한다"라고 말했다.[27]

Poverty

Jane Taylor

I saw an old cottage of clay,
And only of mud was the floor;
'T was all falling into decay,
And the snow drifted in at the door.

Yet there a poor family dwelt,
In a cottage so dismal and rude;
And though gnawing hunger they felt,
They 'd not a morsel of food.

The children were crying for bread,
And to their poor mother they run;
"O give us some breakfast," they said,
Alas! their poor mother had none.

She view'd them with looks of despair,
She said (and I'm sure it was true),
"Tis not for myself that I care,
But, my poor little children, for you,"

O, then, let the wealthy and gay
But see such a hovel as this,
That in a poor cottage of clay
They may learn what true misery is.

And the little that I may have to bestow
I never will squander away,
While many poor people there are,
As poor and as wretched as they.

- 'T: 그것(It의 옛 축약형)
- gnawing: (끊임없이) 괴롭히는
- morsel: 아주 적은 양의 음식
- hovel: 가축 우리처럼 비좁고 허름한 집이나 방
- bestow: (존경의 표시로) 주다, 수혜하다
- squander away: (돈, 시간 등을) 허비하다

가난 제인 테일러

진흙으로 지은 낡은 오두막을 본다
그저 흙바닥이고
온통 무너져 내리는 중이다
문틈으로 눈이 흩날려 든다

저기에 어느 가난한 가족이 산다
참으로 음울하고 초라한 오두막이다
굶주림에 시달려도
먹을 거리가 없다

애들은 빵을 달라고 소리치며
가엾은 엄마에게 달려간다
'오 아침 주세요'라고 외친다
슬프다! 불쌍한 엄마는 가진 것이 없다

그녀는 절망의 눈빛으로 아이들을 보며
이렇게 말한다 (그녀의 말은 틀림없는 진실이다)
'나는 괜찮다만 너희들 때문에
걱정이다, 가엾은 내 아이들아'

오 그러니 부유하고 명랑한 사람들이
이처럼 가축우리 같은 집을 보게 하라
그 볼품없는 흙집에서
진정한 고통이 무엇인지 배우게 하라

나눌 수 있는 어떤 작은 것이라도
나는 헛되이 낭비하지 않으리라
그들만큼 가난하고 비참한 사람들이
많음을 알기 때문이다

작가 이야기: 작은 손길로 세상을 따뜻하게, 제인 테일러

제인 테일러(Jane Taylor, 1783-1824)는 아이작 테일러(Isaac Taylor, 1759-1824)*와 앤 마틴 테일러(Ann Martin Taylor, 1757-1830) 사이에서 태어난다. 아버지 아이작은 판화가로, 출판물 표지에 아름다운 도안을 넣는 일을 주로 했다. 기술적 숙련도뿐 아니라 예술적 안목이 뛰어났던 아이작은 곧 업계에서 크게 인정받는다. 아이작은 출판계라는 지적인 분야에서 성공한 것에 큰 자부심을 느낀다. 그는 자녀들에게도 지적·예술적 성향을 길러주기 위해 노력한다. 특히 딸들이 스스로 생계를 꾸려갈 수 있는 재능을 갖추기를 바라며 교육에 심혈을 기울인다.

그 결과 제인뿐 아니라 한 살 위 언니 앤 테일러 길버트(Ann Taylor Gilbert, 1782-1866) 역시 당대에 문학가로 활발히 활동한다. 훗날 제인의 글을 모아 출판한 네 살 아래 남동생 아이작 테일러 주니어(Isaac Taylor Jr., 1787-1865) 또한 작가이자 학자로 이름을 남긴다. 테일러 가문이 출판한 책은 알려진 것만 해도 거의 100권에 달하며, 이들은 가족이 살던 지역 이름을 따 '온가의 테일러 가문'(The Taylors of Ongar)이라 불리며 하나의 작은 문학 왕조를 세운다.[28]

제인의 첫 시집은 언니 앤과 타일러 가문의 다른 젊은이 여럿과 함께 출판한 『아기의 마음을 위한 독창적인 시들』(*Original Poems for Infant Minds*, 1804)이다. 이 책의 저자는 "여러 젊은 사람들"(By Several Young Persons)로 소개되어, 제인과 앤의 이름이 구체적으로 드러나지 않는다. 하지만 이들 두 자매는 이후에도 마치 브론테 자매처럼 상상력을 주고받으며 서로의 작품세계를 계속 성숙시켜 나간다. 첫 시집이 나름 의미있는 성공을 거두자, 두 사람은 용기를 얻어 두 권의 시집 『요람에서 들려줄 노래』(*Rhymes for the Nursery*, 1806)와 『아기의 마음을 위한 찬송가』(*Hymns for Infant Minds*, 1810)를 잇달아 출판한다. 이때도 본명을 밝히지 않고

* 위의 두 소녀를 담은 초상화는 아이작 테일러가 두 딸 제인과 앤을 그린 것이다.

“『독창적인 시들』의 작가들”(*By the Authors of Original Poems*)이라는 필명으로 출간한다.

당시 여성 작가는 자신의 이름을 걸고 책을 출판하는 일이 거의 드물었다. 겸손이 미덕으로 여겨지는 분위기 속에서 여성이 시집 출판처럼 지적이고 문화적 권위를 지닌 영역에서 자신의 이름을 내세우는 것은 바람직하지 않는 행동으로 간주되었다. 이런 이유로 여성 시인들은 첫 시집은 물론, 이후 출간하는 시집들까지도 실명을 밝히지 않는 경우가 흔했다. 혹여 부정적인 평가가 나올 경우, 작가 본인뿐 아니라 가문의 명예까지 손상되는 일을 방지하려는 안전 장치였다.

이러한 경향은 소설보다 시에서 더욱 두드러졌는데, 시가 문학적으로 더 ‘격조 높은’ 장르라는 인식이 있었기 때문이다. 제인이 활동한 때는 소설이 새로운 문학 장르로 부상했기 때문에 출판 시장에서의 파격이 어느 정도 허용되었다. 반면에 시는 대중의 편견이나 비평의 잣대가 훨씬 엄격했다. 웬만해서는 시에서 여성 작가가 좋은 평가를 받기 어려운 상황이라, 제인과 앤 자매는 첫 시집 『아기의 마음을 위한 독창적인 시들』뿐 아니라 『요람에서 들려줄 노래』, 그리고 『아기의 마음을 위한 찬송가』까지 실명을 밝히지 않고 출간한다. 만약 이들의 남동생 아이작이 두 자매의 사후 작품집을 엮으면서 제인과 앤의 작품 목록을 정확히 밝히지 않았다면, 이 작품들의 실제 저자는 오늘날까지도 불분명하게 남았을 가능성이 크다.

제인이 가장 두드러진 역량을 발휘한 분야는 아동시이다. 당시에는 여성 작가가 가정과 관련된 소재를 더 잘 다룰 것이라는 인식이나, 여성이 어린아이의 감정을 더 잘 이해할 것이라는 고정 관념이 있었다. 실제로 제인은 평생 독신이었지만, 사망하기 석 달 전 극도로 쇠약한 상태에서도 교회 주일 학교에서 봉사할 만큼 아이들과 긴밀하게 교류한다. 이런 배경 때문에 그녀의 작품 세계를 곧잘 아동문학에 한정해 평가하는 경향이 있다.

그러나 그녀의 남동생이 엮어 출판한 작품집을 보면 제인의 지적 관심은 어릴 때부터 매우 폭넓었으며 거의 모든 주제에 활발한 호기심을 보인다.[29] 다만 아쉬운 점은, 관심을 가진 주제의 폭이 넓음에도 불구하고 그중 어느 하나도 충분히 심화되지 못했다는 것이다. 하나의 주제가 진지하게 전개되다가도 갑작스럽게 다른 주제로 넘어가 새로운 글이 시작되는 경우가 잦아, 전체적으로 일관성이 부족하고 유기적인 연결도 약하다. 이는 애초에 출판을 목적으로 쓴 글이 아니었기 때문으로 짐작된다.

그녀가 즐겨 다룬 주제 가운데에는 빈곤과 자선 문제도 있으며, 제인 스스로 자선 활동에 헌신하겠다는 결심을 담은 글도 있다. 그러나 그 소망을 제대로 펼쳐보기도 전에, 그녀는 40세의 나이에 유방암으로 생을 마감한다.

작품 이야기: Poverty 「가난」

제인 테일러의 「가난」("Poverty")은 1804년에 출판된 시집 『아기의 마음을 위한 독창적인 시들』에 수록된 시이다. 전체 6연 24행의 정형시로, 각운 구조는 abab으로 일관되게 유지된다. 시의 성격에 따라 분류하면 제인 테일러의 「가난」은 '이야기체 시'(narrative poem)에 속한다. 이야기체 시는 간단히 말해 줄거리가 있는 이야기를 시로 옮긴 것이다. 서술시, 서사시, 혹은 설화시라고도 부른다. 이러한 시는 대체로 이야기를 전달하기 때문에 분량이 길지만, 테일러의 「가난」은 짧으면서도 이야기를 오밀조밀하게 담아내어 이야기체 시로 분류된다. 전달하려는 메시지는 간단하다. 가난한 사람들의 삶은 상상보다 훨씬 더 비참하니, 그들을 도와야 한다는 것이다. 그럼에도 그녀의 말이 큰 울림을 주는 이유는, 시 속에서 가난의 고통이 매우 구체적이고 사실적으로 묘사되기 때문이다.

이야기 전개에 따라 시는 크게 세 부분으로 나뉜다. 제1-2연은 의식주 등의 물질적 결핍을 묘사하고, 제3-4연은 그로 인해 고통받는 사람들의 모습을 보여준다. 마지막 제5-6연은 부유한 사람들의 박애 정신을 강조한다. 그 과정에서 이야기는 마치 카메라가 다큐멘터리를 촬영하듯, 외부에서 시작해 점차 내부로 들어가는 방식을 취한다. 이러한 전개 방식은 가난의 고통이 외부에서 피상적으로 생각하는 것보다, 내부에서 훨씬 더 심각하다는 것을 강조한다. 이들의 고통에 공감하지 못하는 부유한 사람들의 자비심을 끌어내기 위한 일종의 서사적 장치라 할 수 있다.

그녀가 활동한 19세기 전반은 인클로저 운동(Enclosure Movement)*과 산업혁명의 여파로 도시 빈민 문제가 사회적 쟁점으로 떠오른다. 많은 농민들이 도시로 몰리지만, 농촌보다 더 열악한 환경에 놓인다. 농촌에서는 최소한 자급이 가능하나, 도시는 돈이 없으면 식량과 주거를 확보하기조차 어렵기 때문이다. 그 결과 도시 빈민들은 굶주림, 질병, 열악한 노동환경 속에 방치된다. 그럼에도 당시 공리주의는 가난을 구조적 문제로 보지 않고 개인의 책임으로 돌린다. 19세기 말 노동운동이 확산되기 전까지 가난을 완화할 수 있는 수단은 개인의 부지런함과 부자들의 자선뿐이었다.

따라서 이 시에서 테일러가 진정으로 말하고자 하는 주제는 마지막 제5-6연에 담겨 있다. 제5연은 부자들이 자선에 동참하기를 촉구하고, 제6연은 자선을 실천하기 위해 필요한 태도를 강조한다. 즉, 조금이라도 가진 것이 있으면 쓸데없이 낭비하지 말고, 검약을 생활화하여 주변의 불쌍한 사람들을 돕는 데 써야 한다는 것이다. 이를 위해 테일러는 선한 결심을 지속시킬 만한 강한 정서적 자극을 가한다. 먹을 것을 달라고 보채는 아이와, 그것을 줄 수 없어 절망하는 어머니의 모습이 바로 그것이다. 이 때문에 이 시는 주제가 담긴 마지막 제5-6연보다 제3-4연이 더욱 강력한 이미지를 전달한다. 혹자는 이 부분을 타인의 고통을 자극적으로 소비하는 '빈곤 포르노'(poverty porn)라고 비판할 수도 있다. 그러나 그녀가 살았던 시대의 복음주의적 자선 관념에서는 이러한 정서적 호소가 도덕적 실천을 이끌어내는 중요한 수단으로 여겨졌다.

* 인클로저 운동은 주로 18-19세기 영국에서 이루어진 농업 제도로, 기존에 마을에서 공동으로 사용하던 농지와 공유지를 울타리나 경계로 구획해 사유지로 전환하고, 이를 대지주 중심으로 집중시키는 사업이다. 이로 인해 많은 농민이 경작권을 잃고 도시로 이주하게 되었으며, 산업혁명 시기의 도시 빈민 증가와 노동력 공급에 결정적인 영향을 미친다.

청년과 노년

The freethinking of one age is the common sense of the next.

한 시대의 자유로운 생각이 다음 시대의 상식이 된다.

- 매튜 아놀드 -

Is it Well with the Child?

Christina Georgina Rossetti

Safe where I cannot die yet,
  Safe where I hope to lie too,
Safe from the fume and the fret;

    You, and you,
  Whom I never forget.

Safe from the frost and the snow,
  Safe from the storm and the sun,
Safe where the seeds wait to grow
    One by one,
  And to come back in blow.

아이는 평안한가?

크리스티나 조지나 로제티

평안합니다, 내가 아직 죽을 수 없는 곳에서
　평안합니다, 나 또한 눕기를 바라는 곳에서
평안합니다, 매연과 안개가 없는 곳에서

　　너를, 내 너를
　결코 잊지 못하리라

평안합니다, 서리와 눈보라를 피해
　평안합니다, 폭풍과 땡볕을 피해
평안합니다, 씨앗들이 자라
　　하나 하나
　꽃피어 돌아오기를 기다리는 그곳에서

작가 이야기: 신념과 시로 세상과 마주한 시인, 크리스티나 조지나 로세티

크리스티나 조지나 로제티(Christina Georgina Rossetti, 1830-1894)는 19세기 여성 문학가로서는 드물게 젊은 시절부터 상당한 명성을 누린다. 그녀는 일찍이 예술가가 되는 것이 자연스러운 환경에서 성장한다. 형제 중에 단테 가브리엘 로제티(Dante Gabriel Rossetti, 1828-1882)*가 있다는 사실만으로도, 집안에 흐르는 예술적 기질과 분위기를 짐작할 수 있다.

단테는 1848년 한 살 아래 동생 윌리엄 마이클 로제티(William Michael Rossetti)와 젊은 예술가 몇몇을 모아 예술 운동 단체인 라파엘 전파 형제회(The Pre-Raphaelite Brotherhood)**를 결성한다. 단테가 라파엘 전파 형제회의 이니셜인 'P.R.B.'를 처음 대중에게 선보인 작품은 《성처녀 마리아의 어린 시절》(*The Girlhood of Mary Virgin*)이다. 이 작품에서 마리아의 모델을 맡은 이가 크리스티나이다.

뛰어난 미모를 지녔던 그녀는 시인으로 정식 등단하기 전부터 젊은 예술가들 사이에서 이미 잘 알려져 있었다. 덕분에 여러 청년이 그녀에게 열렬히 구혼한다. 첫 번째 구혼자였던 제임스 콜린슨(James Collinson)은 오빠 단테와 함께 라파엘 전파 활동을 함께 한 화가이다. 크리스티나와 약혼까지 했지만 콜린슨이 로마 가톨릭으로 개종하자 독실한 영국 국교회(The Church of England-오늘날 성공회) 신자였던 그녀는 약혼을 파기한다. 이후 찰스 베곳 케일리(Charles Bagot Cayley) 등도 청혼했으나, 크리스티나는 이미 종교적 이유로 독신을 결심한 뒤였기에 모두 거절한다.

* 위의 초상화는 단테 가브리엘 로제티가 1866년에 여동생 크리스티나를 그린 것이다.

** 라파엘 전파(Pre-Raphaelites)는 1848년 런던 로열 아카데미 학생 단테 가브리엘 로제티를 중심으로 결성된 예술 운동으로, 당시 영국의 주류 미술 경향이었던 라파엘과 미켈란젤로의 화풍을 거부하고 그보다 앞선 르네상스 초기 미술을 지향한다. 고대 그리스 신화, 중세 건축·문학에서 영감을 받아 섬세하고 사실적인 화풍을 추구했으며, 시인·화가·비평가가 함께 참여한 종합 예술 운동으로서 19세기 영국 예술 전반에 큰 영향을 미친다.

크리스티나 로제티가 독신을 결심한 배경에는 옥스퍼드운동(The Oxford Movement)이 있다. 1830년대 옥스퍼드 대학에서 시작된 이 운동은 영국 국교회의 영성을 회복하려는 사상적 흐름으로, 수도원 생활과 같은 금욕적 삶의 태도를 그 실천 방안 가운데 하나로 강조한다. 크리스티나 로제티는 평신도 임에도 불구하고 이 원칙에 깊이 감화되어 평생을 수녀처럼 살아간다.

그녀가 31세가 되던 해 출간한 『고블린 시장과 그 외의 시들』(*Goblin Market and Other Poems*, 1862)은 평단의 큰 호평을 받고, 오늘날까지도 그녀의 대표작으로 남아있다. 또한 이 작품집은 그녀가 주요 종교 시인으로 자리매김하는 데 결정적 역할을 할 만큼 종교적 암시와 깊은 신앙적 확신을 담고 있다. 그중 가장 널리 알려진 「고블린 시장」("Goblin Market")은 달콤한 과일로 젊은 처녀를 유혹하는 도깨비, 그 과일을 먹고 생기를 잃어가는 리지(Lizzie)와 동생을 구하기 위해 고블린에게 맞서는 언니 로라(Laura)의 이야기를 담은 시이다. 겉으로는 여자아이에게 낯선 유혹을 경계하라는 교훈을 담아 아동용 시로 분류되지만, 그 이면에는 감각적 유혹을 경계하라는 금욕주의적 가르침과 성폭력이나 동성애를 연상시키는 장면 등이 포함되어 있어 매우 문제적인 작품이다.

그럼에도 당대 독자들이 이 시를 환영한 이유는 섬세하고 감각적인 묘사, 정확한 리듬, 신비로운 분위기, 그리고 뛰어난 상상력 덕분이다. 또한 주인공 로라가 성적 유혹을 포함한 모든 감각적 유혹을 거부하면서, 동시에 동생을 돌보는 따뜻한 심성의 여성으로 묘사된 점도 당대의 이상적 여성상과 맞닿아 있어 환영받는다.

반면에 크리스티나 로제티 자체는 빅토리아시대에 가장 "괴상한 여인" 중의 하나로 불렸다.[30] 그녀의 삶과 가치관이 당시 사회가 여성에게 기대하던 궤도에서 철저히 벗어나 있었기 때문이다. 로제티는 가부장 사회인 빅토리아시대에서 결혼을 거부함으로써 전통적인 여성 역할에서 벗어나 있고, 또 대부분의 여성과 달리 사회활동에 상당한 에너지를 쏟는다. 작품 속에서도 인간의 욕망과 종교적 금욕 사이의 긴장을 정면으로 다루어 그녀를 쉽게 범주화할 수 없도록 만든다. 사회의 통념에 굴하지 않고 자신의 재능을 꾸준히 발휘한 그녀는 생애 동안 총 12권의 시집을 남긴다.

작품 이야기: Is it Well with the Child 「아이는 평안한가?」

크리스티나 로제티의 「아이는 평안한가?」("Is it Well with the Child?")는 총 10행으로 이루어진 매우 짧은 시이며, 전체가 두 개의 불완전 문장으로 구성되어 있다. 주어와 동사가 생략되어 있지만, 제목을 통해 '아이'(the Child)가 주어임을 추론할 수 있다.

시 전체에 일관된 리듬은 없지만, 한 가지 뚜렷한 특징은 '평안한'(Safe)이라는 말로 시작하는 시행이 여섯 번이나 반복되는 점이다. 이로 인해 시행 첫 음절에 강세가 오는 '강약격'(iambic meter) 리듬이 시 전체를 관통한다. 영어는 구조적으로 명사 앞에 관사나 한정사 등이 놓이기 쉽기 때문에 영시에서도 '약강격'(iambic)이 가장 흔하다. 또한 약강격이 시 장르에 어울리는 부드러운 리듬을 만드는 데 더 효과적이라는 관습적 믿음도 있었다. 따라서 이 시처럼 행의 첫머리가 반복해서 강세를 받는 것은 당대에는 다소 파격적이다.

"아이는 평안한가?"라는 말은 성경에서 유래한다. 『열왕기하』(4:8-37)에 따르면, 선지자 엘리사(Elisha)는 수넴(Shunem)을 지나던 중 한 여인의 집에 머물며 극진한 대접을 받는다. 이 여인은 나이가 많아 자식을 가질 수 없었으나, 엘리사는 그녀에게 아들이 태어날 것이라고 약속한다. 그 약속대로 이듬해 아들이 태어나지만, 아버지를 보러 추수꾼을 따라 들에 나갈 만큼 자랐을 때 세상을 떠난다. 아이가 죽자 여인은 엘리사를 찾아간다. 아이의 죽음을 몰랐던 엘리사가 "아이는 평안한가?"라고 묻자, 여인은 "평안하다"라는 대답을 먼저 한 후 아이가 죽었다는 사실을 알린다. 이에 엘리사는 그녀의 집으로 가서 기도한 후 아이를 되살린다.

따라서 선지자 엘리사의 질문이 이 시의 제목에 해당하고, 수넴 여인의 대답이 시의 내용이 된다. 시는 신앙심, 죽음, 부활을 다루고 있어 종교시에 속하지만, 신앙적 함의를 떠나 일반적인 관점에서도 해석이 가능하다. 첫 1-2행에서 "내가 아직 죽을 수 없는 곳"과 "나 또한 눕기를 바라는 곳"이라는 구절은 명백히 천국을 떠올리게 한다. 하지만 이후 그녀의 묘사는 일반적인 종교적 이상향이라기보다, 19세기 중반 영국의 문제적 현실과 대비되는 이상향에 가깝다.

당시 런던을 비롯한 대도시는 이미 심각한 대기오염으로 맑은 하늘을 보기 어려웠다. 공장의 굴뚝은 산업 발전의 상징이지만, 동시에 인간성의 피폐와 세계의 순수성 상실을 상징하는 표상이기도 하다. 이에 대한 크리스티나 로제티의 근심이 제3행의 "매연과 안개"에 담긴다. 여기서 "안개"(fret)는 인간을 잠식하는 환경과 근심, 번민을 모두 아우른다.

제4-5행에서 두번 연속하는 "너"는 수넴 여인의 죽은 아이를 가리킨다. 선지자 엘리사의 질문에 대답하는 여인이 잠시 아이를 떠올리며 혼잣말을 하는 것으로 볼 수 있다. 아이의 평안을 위안 삼으로면서도, 아이의 존재를 잊지 못하는 어머니의 마음이 담겨 있다. 하지만 곧 제6-7행에서 어머니는 아이가 "서리와 눈발" 그리고 "폭풍과 땡볕"에서 안전하다고 말한다. 이는 단순히 자연재해로부터 아이가 안전하기를 바라는 것을 넘어서, 모든 환경적 위협과 심지어 고된 노동에서 벗어나기를 바라는 마음이 담겨 있다. 따라서 이 구절은 19세기 중반 심각한 사회문제로 부상한 영국의 아동 노동 현실에 대한 문제의식을 반영한 것으로 본다.

제8-10행에서 "씨앗"은 미래의 희망인 아이들을 가리킨다. 종교적으로는 수넴 여인이 아이의 부활을 바라는 간절한 기도로, 보편적으로는 씨앗들이 꽃을 피우듯 모든 아이들이 온전히 살아가는 세상에 대한 희망으로 해석될 수 있다. 결국 로제티가 그리는 천국은 아이들의 생기를 앗아가는 세속적 환경이 아니라, 평안과 평화 속에서 그들의 생명이 온전히 꽃피는 세계이다. 이러한 점에서 이 시는 종교시이면서 동시에 사회 현실에 대한 문제의식을 담은 사회시로도 읽힌다.

그녀는 동시 작가로도 뛰어난 재능을 발휘한다. 그녀의 동시는 쉬운 언어, 짧은 시행, 뚜렷한 리듬으로 이루어져 아이들이 쉽게 읽고 자연스럽게 낭송의 즐거움을 깨우치게 한다. 여기에 깊은 신앙심까지 담겨 있어 부모들은 그녀의 시를 자녀들에게 안심하고 권장한다. 「아이는 평안한가?」 또한 다소 무거운 주제를 다루고 있지만, 그녀 특유의 쉽고 경쾌한 리듬과 성경적 상징이 분명하게 드러나 당대에는 동시로도 널리 사랑받았다.

Growing Old

Matthew Arnold

What is it to grow old?
Is it to lose the glory of the form,
The luster of the eye?
Is it for beauty to forego her wreath?
Yes, but not this alone.

Is it to feel our strength—
Not our bloom only, but our strength—decay?
Is it to feel each limb
Grow stiffer, every function less exact,
Each nerve more loosely strung?

Yes, this, and more; but not
Ah, 'tis not what in youth we dreamed 'twould be!
'Tis not to have our life
Mellowed and softened as with sunset glow,
A golden day's decline.

'Tis not to see the world
As from a height, with rapt prophetic eyes,
And heart profoundly stirred;
And weep, and feel the fullness of the past,
The years that are no more.

It is to spend long days
And not once feel that we were ever young;
It is to add, immured
In the hot prison of the present, month
To month with weary pain.

It is to suffer this,
And feel but half, and feebly, what we feel.
Deep in our hidden heart
Festers the dull remembrance of a change,
But no emotion—none.

It is—last stage of all—
When we are frozen up within, and quite
The phantom of ourselves,
To hear the world applaud the hollow ghost
Which blamed the living man.

◆ forego: 포기하다, 단념하다
◆ bloom: 꽃, 혈색, 안색의 건강함
◆ 'tis : ~이다 (It is의 옛 축약형)
◆ 'twould: ~ 일 것이다 (it would의 옛 표현)
◆ mellow: (나이가 들어) 온화해지다, 원숙해지다

늙는다는 것 매튜 아놀드

늙는다는 것은 무엇일까?
형상의 영광을 잃는 것일까?
눈빛의 광채를 잃는 것일까?
아름다움이 화관을 내려놓는 일일까?
그래, 그러나 그게 전부가 아닐지니

우리의 힘이, 그저 우리의 꽃봉오리가 아니라,
우리의 힘이 온통 소멸하는 것을 느끼는 일일까?
사지가 점점 굳어가고
모든 기능이 덜 정확해지고
모든 신경이 더 느슨히 늘어지는 것을 느끼는 일일까?

그래, 그래, 그러나 그보다 더 하다
아 그것은 우리가 젊을 때 꿈꾸었던 그런 모습이 아니다!
그것은 우리 삶이 석양빛 속에
부드럽게 물들어 가도록
황금빛 날에 평온히 저물도록 두지 않는다

그것은 세상을 높은 곳에서
황홀한 예언자의 눈으로 바라보며
가슴 깊이 요동치는 일이 아니다
지난 세월에, 다시 오지 않을 그 시절의
충만함에 눈물 짓는 일이 아니다

긴 하루들을 보내어도
젊은 날이 있었다는 사실조차 느끼지 못하는 것
현재라는 뜨겁고 숨 막히는 감옥에 갇혀
지루한 고통으로
세월에 세월을 더하는 것

이런 고통을 겪으면서도
그것을 대충, 그나마 희미하게 느끼는 것
우리의 숨겨진 마음 깊은 곳에
변화의 흐릿한 기억이 곪아가지만
아무런 감정도 못 느끼는, 아니 전혀 못 느끼는 것

이것이 우리 모두의 마지막 단계이다
우리 내부는 완전히 얼어붙어
우리 자신의 유령이 되고 말리라
생을 사는 사람을 비난했던 그 공허한 허상에
세상이 환호하는 것을 보게 되리라

작가 이야기: 공동체의 질서와 책임을 노래한 시인, 매튜 아놀드

아놀드(Matthew Arnold, 1809-1892)는 동시대 시인 로버트 브라우닝(Robert Browning)이나 테니슨(Alfred Lord Tennyson)에 비해 시인으로서의 역량과 문학사적 위상이 다소 떨어진다는 평가가 있다. 하지만 아놀드는 비평가로서 탁월한 능력을 인정받았고, 빅토리아시대 내내 사회 사상가로 깊이 존경 받았다. 또한 '시대정신'을 반영하는 측면에서는 오히려 브라우닝이나 테니슨보다 한 수 위라는 평가도 있다.

아놀드의 시 세계에서 가장 두드러지는 빅토리아시대적 특징은 종교적 회의주의이다. 당시 과학의 발전과 합리주의, 산업주의, 자유주의, 개인주의는 인간을 전통적 질서에서 분리시켜 개별적인 존재로 규정한다. 이러한 변화는 개인의 자의식을 발전시키고, 종교에 대한 근원적인 질문으로 이어진다. 종교계는 기존의 권위를 지키기 위해 애쓰지만, 역설적이게도 온갖 종파의 난립이라는 결과를 가져온다. 덕분에 19세기 영국은 종교적 다양성과 자유를 누리지만, 종교의 권위는 오히려 약화되고 사상적 기반도 공허해진다.

아놀드의 시는 사람들 마음 속에 자라나는 회의와 공허, 불안과 우울을 예리하게 포착한다. 진보와 낙관의 구호가 지배하는 사회에서 소외된 이들의 내면을 진지하게 탐색한다. 그의 대표작 「도버 해변」("Dover Beach")은 밀물과 썰물이 교차하는 밤바다를 통해 인간 존재의 덧없음을 노래하며, 진보의 환상 뒤에 숨은 불안을 드러낸다. 현대 문학의 중요한 주제인 고독과 허무를 일찍이 탐구한 선구자적인 시로 오늘날까지도 널리 읽힌다.

아놀드의 또 다른 특징은 고전주의다. 빅토리아 시대에 그리스로마 고전은 모든 교육 현장에서 중요 과목으로 다루어졌고 예술 전 분야에서 널리 재생산되었다. 이 때문에 명문 대학에 진학하거나 예술 방면에 종사하는 사람들은 거의 대부분 고전에 익숙했다. 특히 아놀드가 졸업한 옥스퍼드 대학교 벨리올 칼리지는 고전학 연구에 뛰어난 역량을 갖춘 것으로 정평이 나 있었다. 이러한 배경을 고려하면, 아놀드가 고전에 얼마나 정통했을지 쉽게 짐작할 수 있다.

그러나 아놀드는 다른 예술가들처럼 고전에서 소재를 가져와 작품 속에 재창조하는 방식을 택하지 않는다. 오히려 고전 정신을 사회적 원리로 삼아 시 창작과 비평 및 교육 이론에 적용한다. 교육행정가로서 그는 공교육 체계 안에서 고전 교육의 중요성을 강조한다. 라틴어와 그리스어를 통한 고전적 교양이 인간 정신을 고양하고 사회를 풍요롭게 한다고 역설한다. 그의 고전 교육관은 19세기 후반 영국 엘리트 교육의 방향을 규정하는 데 중요한 역할을 한다.

또한 그는 공동체에 대한 개인의 헌신, 절제와 조화, 질서와 균형이라는 고전 정신의 핵심 가치를 당대 문명의 나아갈 방향으로 제안한다. 그는 산업주의로 병든 사회를 비판하며, 개인주의와 민주주의라는 새로운 가치가 전통과 격조 속에서 꽃피기를 촉구한다. 아놀드의 대표적 사회 비평서인 『문화와 무질서』(*Culture and Anarchy*, 1869)는 이러한 사상을 집대성한 작품이다. 개인의 개성과 자유 그리고 공동체의 질서와 조화를 동시에 추구하는 아놀드의 깊은 성찰이 담겨 있다.

아놀드의 실제 삶 역시 매우 모범적이었다. 그의 아버지 토머스 아놀드(Thomas Arnold)는 영국 공교육 개혁사에 기념비적인 인물이다. 1828년부터 1842년까지 영국의 명문 학교인 럭비 스쿨(Rugby School)의 교장으로 재직하면서, 종교적·도덕적 교육을 강조하고 학생들의 인격 형성과 사회적 책임 의식을 강조해 19세기 영국의 중등학교 교육이 지향할 바를 제시한다.

젊은 시절 아놀드는 아버지의 명성에 약간의 반발심을 품기도 했으나, 결국은 아버지의 길을 따른다. 1851년 그는 판사의 딸 프랜시스 와이트먼(Frances Wightman)과 결혼해 평생을 헌신적이고 성실한 남편으로 살아간다. 같은 해 교육부 장학사로 임용되어 1886년 사임할 때까지 30여 년 동안 영국 교육제도 조사와 개혁에 힘썼으며, 1857년부터 1867년까지는 옥스퍼드 대학에서 시학 교수(Professor of Poetry)로 재직하며 존경을 받는다.

사회 비평가이자 교육자로서의 확고한 신념은 시의 철학으로도 이어진다, 이때문에 그의 시는 '삶의 비평'이라고도 불린다. 그는 시가 개인의 감정을 토로하는 수단이 아니라, 냉철하고 비판적으로 동시대의 삶을 분석하는 도구여야 한다고 주장한다. 또한 질서와 조화를 중시하는 고전주의를 좋은 시의 기준으로 삼는다. 아놀드는 예술과 사회, 그리고 교육과 개인적 삶을 하나의 일관된 원리로 관통시켰다는 점에서, 당대의 사상가이자 선각자로 존경을 받는다.

작품 이야기: Growing Old 「늙는다는 것」

아놀드의 「늙는다는 것」("Growing Old")은 1867년에 출간된 시집 『새로운 시들』(*New Poems*)에 처음 수록된 작품으로, 노년기에 막 접어든 그가 '늙어감'을 어떻게 인식했는지를 잘 보여준다. 더해서 전반적으로 매우 비관적이고 우울한 정조를 띠고 있어, 아놀드 시 세계의 중요한 특징 가운데 하나인 우울의 정서가 어떻게 시에서 구현되는지를 살펴보기에도 적합하다.

총 7연 35행으로 구성되어 있으며, 리듬이 매우 다양해 일정한 규칙을 찾기 어렵다. 겉보기에는 규칙적인 리듬으로 운용되는 듯하지만, 실제로는 전통적인 형식 규범에서 벗어나 있고, 각운 구조도 일정하지 않다. 제1연에서 아놀드는 늙는 것을 "형상의 영광"과 "눈빛의 광채"를 잃는 것으로 묘사한다. 여기서 "형상"(a form)은 단순히 뼈대나 외형을 뜻하는 것이 아니라, 보다 본질적이고 실재적인 것을 가리키는 철학적 개념이다.

형상을 정의한 대표적인 철학자는 플라톤이다. 그는 형상이 결코 변하거나 닳아 없어지지 않으며, 사라지지도 않는 영원한 실체라고 설명한다. 그러나 아놀드의 사상과 더 가까운 철학자는 플라톤이 아니라 엠페도클레스(Empedocles)이다. 엠페도클레스는 최초로 4원소론을 제시하며, 세계가 물·불·흙·공기로 이루어져 있다고 주장한다. 또한 이 원소들이 결코 소멸하지 않고, 끊임없이 유동하고 변화한다고 설명한다. 따라서 아놀드가 말하는 "형상"도 완전히 사라지는 것이 아니다. 다만 다른 형태로 변할 뿐이다. 슬픈 것은, 그 변화가 긍정적이지 않다는 것이다. "눈빛"이 "광채"를 잃듯, "형상" 역시 찬란한 아름다움을 잃는다. 이는 늙음이 단지 외형의 쇠퇴가 아니라, 좀 더 본질적인 쇠퇴라고 암시한다.

제2연은 늙음이 불러오는 육체적 쇠퇴를 묘사한다. "꽃봉오리"는 젊은 시절을 의미하는 것이자, 동시에 젊은 시절 얼굴에 피는 "홍조"를 의미한다. 사지와 온몸의 신경은 느슨해진다. 외부 자극에 반응하는 속도는 느려지고, 돌발 상황에서도 예전처럼 순발력을 발휘하지 못한다.

제3-4연에서 시인은 젊었을 때 품었던 노년에 대한 낭만적 기대가 허상이었다고 고백한다. 노년은 석양빛으로 부드럽게 물드는 평온한 시간이 아니다. 높은 곳에서 세상을 내려다보는 예언자처럼 인생을 깊고 넓게 조망하는 단계도 아니다. 현실의 노년에는 원숙함과 통찰 대신, 되돌릴 수 없는 지난 세월에 대한 허무와 상실감만이 가득차 있다. 이는 전통적으로 노년을 지혜와 원숙의 시기로 이상화하는 관념을 완전히 부정하는 것이다.

제5-6연에서 화자는 노년의 비극을 더욱 충격적으로 그린다. 노년은 자신에게 젊은 시절이 있었다는 사실 조차 희미해질 만큼 모든 것이 아득하다. 자신의 정신과 몸에 일어나는 부정적인 변화조차 제대로 느끼지 못한다. 그저 현재라는 좁고 답답한 시간 속에 갇혀 지루하고 고통스러운 세월을 더해 갈 뿐이다. 이 두 연은 노년을 육체적 쇠퇴에 한정짓지 않고 감정과 의식의 마비라는 차원에서 묘사한다.

마지막 연은 비관적인 정조에 냉소를 더해 씁쓸한 여운을 남긴다. 노년의 내면은 생생한 감정과 생기를 잃고 완전히 얼어붙었다. 오직 과거의 껍데기에 불과한 "유령"만 남았다. "유령"은 자신이 실존하지 않는 그림자에 불과한 존재임을 강조하는 말이다. 정작 세상은 그처럼 공허한 "허상"에 열광하며 찬사를 보낸다. 이는 노년에 이르러 더욱 존경받는 아놀드의 사회적 위치를 암시한다. 하지만 그는 자신이 "허상"에 불과하며, 한때 자신이 비판했던 이들보다도 더 의미없는 존재라고 자조한다. 여기서 "생을 사는 사람들"은 "허상"의 반대 개념으로, 삶을 온전히 누리는 실존적 주체들이다. 이는 겉으로 드러나는 명성과 내면의 실존적 공허 사이에 극명한 괴리가 있다고 말하는 것이다.

아놀드는 노년을 단순한 시간의 흐름이 아니라, 존재의 의미와 자아 정체성이 점차 소멸해 가는 실존적 사건으로 형상화한다. 이를 통해 자신의 노년이 깊은 슬픔과 상실 속에 있다고 고백한다. 하지만 그는 이 시를 쓴 후에도 거의 25년을 더 살았다.

삶과 불평등

If you want to see the true measure of a man,
watch how he treats his inferiors, not his equals.
누군가를 진정으로 알고 싶다면,
그가 약자를 어떻게 대하는지를 살펴 보라.
- 조앤 K. 롤링 -

The Little Black Boy

William Blake

My mother bore me in the southern wild,
And I am black, but O! my soul is white;
White as an angel is the English child:
But I am black as if bereav'd of light.

My mother taught me underneath a tree
And sitting down before the heat of day,
She took me on her lap and kissed me,
And pointing to the east began to say.

Look on the rising sun: there God does live
And gives his light, and gives his heat away.
And flowers and trees and beasts and men receive
Comfort in morning joy in the noonday.

And we are put on earth a little space,
That we may learn to bear the beams of love,
And these black bodies and this sun-burnt face
Is but a cloud, and like a shady grove.

For when our souls have learn'd the heat to bear
The cloud will vanish we shall hear his voice.
Saying: come out from the grove my love & care,
And round my golden tent like lambs rejoice.

Thus did my mother say and kissed me,
And thus I say to little English boy.
When I from black and he from white cloud free,
And round the tent of God like lambs we joy:

I'll shade him from the heat till he can bear,
To lean in joy upon our fathers knee.
And then I'll stand and stroke his silver hair,
And be like him and he will then love me.

- bereav'd: 사별한, 유족이 된(bereaved의 축약형)
- learn'd: 배운, 박식한 (learned의 축약형)

작고 검은 소년 윌리엄 블레이크

어머니는 남쪽 들판에서 나를 낳으셨답니다
그래서 나는 검지만 오! 나의 영혼은 하얗답니다
영국인 아이는 천사처럼 하얗지만
나는 빛을 빼앗긴 것처럼 검답니다

어머니는 한낮의 열기가 시작되기 전에
나무 아래 앉아 나에게 알려주셨지요
나를 무릎에 앉혀 입 맞추시고
해 뜨는 동쪽을 가리키며 말씀하셨지요

떠오르는 태양을 보렴, 그곳에 신이 계시단다
그분은 빛을 주시고 따스함을 나누어 주시지
그래서 꽃과 나무와 짐승과 사람이
아침에는 위로를, 한낮에는 기쁨을 누린단다

우리는 이 세상 어느 작은 공간에 놓였단다
사랑의 빛을 견디는 법을 배우도록 말이지
이 검은 몸과 햇볕에 그을린 얼굴은
그저 구름이고, 그늘진 숲 같은 거란다

우리 영혼이 이 열기를 견디는 법을 배우면
구름이 걷히고 그분의 말씀을 듣게 될 거란다
'그 숲에서 나오너라, 나의 사랑이자 근심아
나의 황금빛 성막 옆에서 어린 양처럼 기뻐하라'

이렇게 말씀하시며 어머니가 내게 입맞추셨답니다
그래서 나도 작은 영국인 소년에게 이렇게 말한답니다
내가 검은 구름에서, 네가 흰 구름에서 자유러워지면
하나님의 성막 옆에서 우리가 어린 양처럼 즐거우리라고

나는 그 아이가 열기를 견디도록, 아버지의 무릎에
기대어 즐거움을 배우도록, 그늘이 되어 주리라고
곁에 서서 그의 은빛 머리칼을 쓰다듬어 주리라고
그러면 나는 그와 닮게 되고 그도 나를 사랑하게 되겠지요

작가 이야기: '순수'와 '경험'으로 읽는 불평등의 세계, 윌리엄 블레이크

윌리엄 블레이크(William Blake, 1757-1827)는 낭만주의의 넓은 스펙트럼 가운데서도 가장 독특한 시인으로 꼽힌다. 사실 낭만주의를 한마디로 정의하기는 매우 어렵다. 낭만주의자들은 서로 다른 방식으로 과거와 결별하고, 새로운 실험을 시도하며, 자유로운 사상을 분출했기 때문이다. 그 결과 그들은 하나의 시대정신을 공유하면서도 각기 다른 개성을 드러낸다. 그 중에서도 블레이크는 다른 어떤 낭만주의자보다 앞서서, 그 누구보다도 독창적으로 자신만의 낭만주의를 구현한다.

블레이크가 가장 먼저 재능을 보인 분야는 미술이다. 그는 별다른 정규교육을 받지 않은 채, 열 살 무렵부터 런던의 헨리 파스 미술학교(Henry Pars Drawing School)를 다닌다. 이후 열네 살에 유명한 판화가 제임스 배지어(James Basire)의 도제로 들어간다. 당시 판화가는 책 표지와 삽화를 예술적으로 장식하는 작업을 담당했기 때문에, 장인이자 예술가로 대접받았다. 특히 뛰어난 미적 감각을 지닌 판화가는 출판업계에서 크게 환영받는 분위기였다. 덕분에 블레이크는 청년기와 중년기 동안 판화가이자 화가로서 안정적인 수익을 올리며 비교적 평온한 삶을 살아간다.

그러나 1803년 블레이크는 한 군인과 시비가 붙은 끝에 왕과 국가를 모욕한 혐의로 기소된다. 비록 재판에서 무죄 판결을 받지만, 이 사건은 그의 평판에 치명타를 입힌다. 평판이 중시되던 출판계에서 그의 입지도 흔들리기 시작한다. 이 때문에 블레이크가 1809년 런던에서 개최한 첫 개인전은 전혀 주목받지 못한 채 실패로 끝난다. 이 일은 이미 내리막길을 걷고 있던 그의 삶을 더욱 빠르게 궁지로 몰아간다.

반면에 블레이크의 사회문제에 대한 비판적 인식은 더욱 날카로워진다. 그의 시는 이러한 비판적 인식을 그대로 담아낸다. 이 때문에 그의 시는 출판업계에서 거의 환영받지 못한다. 그림과 판화가 어느 정도의 경제적 안정과 사회적 성공을 안겨주었던 것과 달리, 시는 그에게 단 한 번의 '성공'도 안겨 주지 못한다. 1783

년에 처음 출판한 시집 『시적 소묘』(*Poetical Sketches*)에서는 당시 문단을 지배하던 신고전주의 관습을 배격하고 새로운 형식과 기법을 시도한다. 하지만 문단의 유행에 익숙했던 출판 업자들의 관심을 끌지 못해, 후원자와 친구들의 도움을 받아 간신히 소량만을 출간한다. 이 때문에 그의 첫 시집은 거의 주목받지 못한 채 조용히 잊혀진다.

그럼에도 블레이크는 시 쓰기를 멈추지 않는다. 또한 삽화가이자 판화가로서의 재능을 살려 출판 전 과정을 스스로 해결하기 시작한다. 그는 글과 그림이 상호보완을 이루며 하나의 완결된 예술 작품이 되도록, 시의 표지와 삽화를 직접 동판화로 제작한 뒤 일일이 채색하는 수작업을 한다. 이처럼 시간과 노력이 많이 드는 공정은 대량 출판에 적합하지 않기 때문에, 그의 시집은 애초부터 대중적 성공을 기대하기 어려웠다. 같은 방식으로 출판된 『순수와 경험의 노래』(*Songs of Innocence and of Experience*)는 당시에는 거의 주목받지 못했지만, 오늘날에는 낭만주의 시대는 물론, 영시 전체 역사에서도 빼놓을 수 없는 걸작으로 평가받고 있다.

블레이크의 시는 압축적인 은유, 복잡하고 어두운 상징, 신비로운 상상으로 가득 차 있다. 이러한 요소들 가운데 상당수는 기독교적 관념에 기반한다. 성경적 세계관을 시의 전면에 내세우는 이러한 특징은 블레이크를 다른 낭만주의 시인들과 구분하는 주요 차별점 중 하나이다. 그렇다고 블레이크의 시를 신앙심을 고취하는 종교시의 범주로 분류할 수는 없다. 그는 성경을 무한한 상상력의 원천이자 예술적 소재로 인식하고, 그 안에 담긴 창조, 타락, 원죄, 묵시적 파국, 구원 등의 주제를 재해석하는 것을 즐겼다. 하지만 그 과정에서 신앙심을 고취하려고 애쓰지는 않았다.

그는 정규 교육을 거의 받지 못했지만, 그의 사상은 단순한 직관이나 신비주의를 넘어서는 철학적 깊이를 지닌다. 그는 인간 존재, 구원, 그리고 상상력에 대해 자신만의 독자적인 사유 체계를 마련하는데, 오늘날 비평가들은 이러한 사유가 당대 독일 관념론 철학자들의 사상과 맞닿아 있다고 평가한다. 또한 그는 하나의 비전을 다양한 방식으로 변주하는 것을 즐겼기 때문에, 그의 상징 체계를 해석하는 것은 매우 어렵다는 평가도 있다. 그럼에도 불구하고 그가 시를 통해 전하고자 한 핵심 메시지는 일관된다. 상상력과 인간다움을 상실한 세계가 곧 지옥이고, 인간다움을 회복하고 통합된 존재로 거듭나는 것이 곧 구원이라는 것이다.

그는 자신의 시집이 연이어 대중의 외면을 받자, 말년에는 시 창작을 중단하고 판화와 삽화 작업에만 전념한다. 이로 인해 더 많은 시를 남기지 못했지만, 그것이 아쉽지 않을 만큼 그의 예술 세계는 독창성과 밀도 면에서 완결성을 지닌다. 오늘날 그의 작업은 시와 그림, 신화와 철학, 상상력과 신앙이 하나로 융합된, 장르의 경계를 넘어선 전인적 예술의 정수로 평가된다.

작품 이야기: The Little Black Boy「작고 검은 소년」

블레이크의「작고 검은 소년」("The Little Black Boy")은 각 연이 네 행으로 이루어진 총 7연의 시로, 1789년에 출판된『순수의 노래』(*Songs of Innocence*)에 처음 수록된 것이다. 이 시집은 1794년 '경험'의 세계를 담은 시들을 덧붙여『순수와 경험의 노래』로 증보 출판된다. 블레이크에게 있어 '순수'는 인간이 선악과를 먹기 전의 상태를, '경험'은 선악과를 먹은 뒤 타락한 상태를 상징한다.「작고 검은 소년」은 본래 소년이 갖고 있던 순수가 지켜지길 바라는 이상을 담았다는 점에서 '순수의 노래'와 맥을 같이한다. 동시에 순수한 소년을 위험하게 만드는 인종적 차별과 부조리한 억압을 날카롭게 비판하여 이후 출판되는 '경험의 노래'를 예견하게 만든다.

「작고 검은 소년」은 영시 역사상 흑인 노예 문제를 고발한 가장 초기의 시 중 하나로 평가된다. 블레이크는 그들의 검은 피부색이 신의 사랑을 더 가까이에서 더 많이 받은 결과라고 단언한다. 이는 두 가지 측면에서 당대의 인종 편견에 이의를 제기한다. 첫째는 흑인과 백인의 다른 점은 오직 피부색이라는 외형적 요소뿐이라는 주장이다. 이는 흑인도 백인과 마찬가지로 신의 사랑을 받는 존재라는 결론으로 이어진다. 둘째는 그러한 흑인을 노예로 부리는 것은 단순히 비도덕적인 행위가 아니라 신에 대한 모욕이자 죄악이라는 것이다.

블레이크의 말대로 검은 피부가 신의 사랑을 더 많이 받은 결과라면, 역으로 백인의 창백한 피부는 신의 사랑에서 멀어진 결과라는 논리가 성립한다. 실제로 일부 평론가들은 이 시에서 백인의 창백한 피부가 흑인을 억압하고 착취한 것 때문에 영적으로 퇴락한 상태를 상징한다고 해석한다.[31] 그러나 이 시에는 당시에 일반적이던 차별적 관념도 매우 빈번하게 발견된다. 대표적인 예가 제1연에서 소년의 피부색은 "빛"을 빼앗긴 것처럼 검고, "영혼"은 흰색이라고 표현하는 부분이다. 이는 검은 색은 악하고 흰색은 선하다는 고정 관념을 반영한다. 이 같은 이분법적 색채상징이 반복되면서, 겉보기에 단순한 이 시의 상징 층위가 뒤로 갈수록 복잡해진다.

제2-6연에서 소년은 아프리카에서 어머니와 살았던 시절을 회상한다. 소년의 어머니는 소년에게 신과 사랑, 인간의 운명에 대해 가르쳐준다. 그에 따르면, 신은 빛과 열을 모두에게 골고루 나누어 주고, 인간은 그 사랑의 "광채"를 견디는 법을 배우기 위해 이 땅에 잠시 머문다. 또한 소년의 검은 피부는 그 빛을 많이 받아 그을린 것, 즉 신의 사랑을 더 많이 받은 증거이다. 하지만 동시에 신의 "빛"이 내뿜는 열기를 견디면 "구름"이 걷힐 것이라고 말해, 검은색이 사라져야 할 부정적 요소인 듯한 인상을 준다. 제5연의 "나의 황금빛 성막"은 출애굽기에서 하느님의 거처로 언급된 곳으로, 신의 거처이자 구원의 중심지를 가리킨다.

마지막 연에도 앞서와 비슷한 모순이 발견된다. 소년은 백인 소년이 신의 사랑을 감당할 수 있을 때까지 자신이 "그늘"이 되어 주겠다고 말한다. 이로써 백인 소년은 신의 사랑을 상징하는 "빛"에서 더욱 멀어진다. 또한 흑인 소년이 백인 소년을 위해 헌신하는 이미지는 노예제 시대의 인종 위계와 봉사 구조를 은연중에 되풀이하는 듯한 느낌을 준다.

다행스럽게도 시의 결말은 매우 명료하다. 흑인 소년은 검은 구름에서 해방되고, 백인 소년은 흰 구름에서 해방된다. 이는 인종이나 피부색에 상관없이 모든 인간이 영혼의 해방과 형제애를 누리기를 바라는 블레이크의 이상이 반영되었다. 당시 영국은 노예무역의 주요 국가로서 노예의 노동력에 기대는 제국 경제 체제를 구축하고 있었다. 런던, 브리스톨, 리버풀 같은 항구도시는 노예무역의 이익으로 번성한다. 블레이크의 시는 노예제가 당연시되던 시대에, 누구보다 앞서 피부색으로 사람을 차별해서는 안 된다고 경고한다는 점에서 주목할 만한 가치를 지닌다.

The White Man's Burden

Rudyard Kipling

Take up the White Man's burden--
  Send forth the best ye breed--
Go bind your sons to exile
  To serve your captives' need;
To wait in heavy harness
  On fluttered folk and wild--
Your new-caught, sullen peoples,
  Half devil and half child.

Take up the White Man's burden--
  In patience to abide,
To veil the threat of terror
  And check the show of pride;
By open speech and simple,
  An hundred times made plain,
To seek another's profit,
  And work another's gain.

Take up the White Man's burden--
  The savage wars of peace--
Fill full the mouth of Famine
  And bid the sickness cease;
And when your goal is nearest
  The end for others sought,
Watch Sloth and heathen Folly
  Bring all your hope to nought.

Take up the White Man's burden--
  No tawdry rule of kings,
But toil of serf and sweeper--
  The tale of common things.

The ports ye shall not enter,
  The roads ye shall not tread,
Go make them with your living,
  And mark them with your dead!

◆ **ye**: 그대들, 너희들 (you의 옛 형태)

◆ **tawdry**: 값싸고 번지르르한, 도덕적으로나 외양상을 품위없는

백인의 짐 러디어드 키플링

백인의 짐을 져라
  너희가 낳은 이들 중 가장 훌륭한 이를 보내라
너희 아들을 유배지로 보내
  너희가 붙잡은 포로들의 필요에 봉사하게 하라
혼란스럽고 야만스러운 무리들을 돌보는
  무거운 멍에를 지게 하라
새로 포획된 음울한 백성들은
  반은 악마요 반은 어린애이니

백인의 짐을 져라
  인내하며 머물되
공포의 위협을 감추고
  오만함을 보이는 것을 경계하라
솔직하고 단순한 말로
  수백 번이라도 분명히 말하라
타인의 이익을 위해 수고하고
  다른 이의 이득을 위해 일하라

백인의 짐을 져라
  평화를 위해 야만의 전쟁을 치르라
굶주린 입들을 채워주고
  질병이 멈추도록 하라
너의 목표에 가장 가까워졌을 때
  타인을 위한 대의가 없어질 것이다
나태하고 어리석은 이교도를 감시하라
  너의 모든 희망을 무위로 돌릴 수 있으리니

백인의 짐을 져라
  번지르르한 왕의 지배가 아니라
하인과 청소부의 고된 노동처럼
  평범한 일상의 이야기를 써내려가라

너희가 닿지 못할 항구는 없다
  너희가 밟지 못할 길은 없다
너희의 삶으로 그곳을 개척하고
  너희의 죽음을 그곳에 새겨 넣어라

작가 이야기: 제국의 영광과 불평등의 그늘, 러디어드 키플링

러디어드 키플링(Rudyard Kipling, 1865-1936)은 에드워드시대(Edwardian era)를 대표하는 시인이다. 에드워드시대란 1901년 빅토리아 여왕 서거 후 즉위한 에드워드 7세의 재위 기간(1901-1910)을 가리킨다. 이 시기는 사회문화적으로 빅토리아시대의 전통을 그대로 유지한다. 1920년 전후 모더니즘으로 인해 근본적인 전환을 맞기까지 같은 경향이 지속된다. 키플링은 빅토리아시대에 작품 활동을 시작해 모더니즘 시대까지 계속해서 작가적 명성을 누린다. 하지만 작품 경향은 모더니즘과 거리가 멀다. 그의 대표작은 대부분 빅토리아시대에 출간되었으며, 그를 에드워드시대의 대표 시인으로 꼽는 이유는 이 시대에 활동한 시인 중 그의 성취가 가장 두드러지기 때문이다.

키플링의 첫 번째 주요 시집인 『병영 노래』(*Barrack-Room Ballads*, 1892)는 출간과 동시에 큰 사랑을 받는다. 이어서 1894년과 1895년에 연이어 출판한 『정글북』(*The Jungle Book*) 두 권도 엄청난 성공을 거두어, 그는 일약 당대 최고의 인기 작가로 부상한다. 이러한 인기에 힘입어 1895년 계관시인 자리를 제안받지만, 그는 겸손하게 사양한다. 그의 명성은 이미 영국을 넘어서, 동시대 영국 작가 중에서 가장 국제적인 인물로 성장한다. 급기야 1907년에는 영국 작가로는 최초로 노벨 문학상을 수상하면서, 작가로서 최고의 영예를 누린다. 그는 이후에도 대중적인 명성을 이어가지만, 그의 대표작들은 대부분 19세기 말에 발표된 초기 작품들에 속한다.

20세기가 시작된 후 발표한 그의 작품들은 초기의 성취에 비견할 만한 반향을 일으키지 못한다. 예를 들어 1906년에 발표된 시집 『프쿠 언덕의 장난꾸러기들』(*Puck of Pook's Hill*)은 고대 로마 시대부터 앵글로 색슨 시기까지의 영국 역사를 운율 있는 언어로 다듬어 비평적으로 호평을 받는다. 하지만 대중의 반응은 예전만큼 뜨겁지 않았다. 그럼에도 그의 작가적 명성은 변함없이 공고했다. 이는 대체로 초기 작품에 대한 열광적인 반응이 시대가 변한 후에도 그대로 지속된 결과이다.

키플링의 작품 세계에서 인도는 영감의 원천이다. 그는 인도에서 사업을 하는 부모의 영향으로 유년기와 청년기를 인도에서 보낸다. 이 경험이 그의 문학 전반에 깊은 영향을 미친다. 청년기 시절 그는 언론인으로 활동하면서 주로 식민지 인도에서 살아가는 영국인의 삶과 인도 사회의 일상 풍경을 담은 작품들을 발표한다. 이것이 영국 본토에 있는 독자들에게 신선한 인상을 주고 호기심을 자극한다. 그로 인해 그는 소소한 명성을 얻게 되고, 이후 영국에서 본격적인 작가로 활동할 수 있는 발판을 마련한다. 언론인으로 일하면서 얻은 스토리텔링 감각과 명확하고 직설적인 문체도 그의 작품을 대중 친화적으로 만드는데 중요한 밑거름이 된다.

영국으로 돌아온 그가 당대 최고 작가의 반열에 오르는 데는 그리 긴 시간이 걸리지 않는다. 오늘날 『정글북』이라는 기념비적인 작품 때문에 그를 소설가나 아동문학 작가로 기억하는 경우가 많지만, 사실 그는 다양한 장르의 작품들을 섭렵한 작가이다. 키플링이 활동하던 시대에 다른 어떤 작가도 그의 명성과 대중적 인지도를 능가하지 못했다. 대중이 그를 사랑한 이유는 다양하지만, 그중에서도 가장 큰 이유는 그의 작품 전반에 일관되게 흐르는 제국주의와 애국주의 정서이다.

1880년대에 영국은 제국주의가 절정에 이른다. '대영제국'이라는 이름에 걸맞게 영토는 확장일로에 있고, 제국의 미래에 대한 기대와 자부심이 영국민의 마음을 사로잡는다. 하지만 1890년대에 접어들면서 상황은 급변한다. 영국은 보어 전쟁에서 연이어 패하고, 독일 등 신흥 제국의 부상으로 압박을 받으면서 제국의 영광을 잃을 수 있다는 불안을 공유한다. 이러한 상황 속에서 키플링이 구현한 남성적이고, 모험적이며, 애국적이고, 영웅적인 주인공들은 국민들이 바라는 이상적인 인물상으로 자리매김한다. 또한 키플링의 작품에서 일관적으로 발견되는, '영국은 선민의 나라'이며 그런 '영국이 약소민족을 지배하는 것이 마땅한 책무'라는 제국주의적 세계관은 그들의 무너진 자존심을 충족시켜 준다.

하지만 제국주의 시대가 막을 내리고 두 차례의 세계대전을 거치면서, 사회의 분위기도 크게 달라진다. 더 이상 군사적 강함을 앞세워 타국을 침략하거나 지배하는 것을 정당화하는 논리는 국제사회에서 용인되지 않게 된다. 이러한 인식 변화는 문학 작품 평가에도 영향을 미친다. 이 때문에 키플링도 군사적 제국주의를 미화했다는 이유로 비판 받고, 그의 거의 모든 작품이 새로운 시각에서 재평가된다. 그의 작품이 제국주의 시대의 요구를 반영했기에 당대에 큰 인기를 누린 것처럼, 시대가 바뀐 뒤에는 그 특수성이 오히려 한계로 작용한 것이다.

작품 이야기: The White Man's Burden 「백인의 짐」

이 시는 키플링의 시 중에서 가장 널리 알려진 작품인 「백인의 짐」("The White Man's Burden")으로 전체 7연 각8행으로 구성된 시이다. 이 책에서는 전반부 4연만을 발췌해 소개했다. 각 연의 첫 행에 반복되는 "백인의 짐을 져라"라는 구절은 후렴구 역할을 하며, 시의 주제를 명확히 드러낸다. 특히 명령문으로 구성되어 당위성과 호소력을 극대화한다. 이외에도 시의 많은 부분이 명령문으로 구성되어 있어, 독자에게 사명감과 책임 의식을 심어 주려는 의도가 잘 드러난다.

애초에 이 시는 키플링이 1897년 빅토리아 여왕 즉위 60주년(다이아몬드 주빌리)을 기념해 완성한 것이다. 이후 키플링은 이 시의 출판을 계속 미루다가, 1899년 필리핀-미국 전쟁(The Philippine-American War, 1899-1902)이 발발하자 마침내 대중에게 공개한다. 미국인들에게 제국주의적 침략 전쟁에서 백인으로서의 '의무'를 명예롭게 수행하라고 설득하기 위해서이다. 그는 전쟁 발발 직후인 2월 4일, 영국의 『타임즈』(*The Times*)에 이 시를 발표하고, 시차때문에 미국에서는 2월 5일자 『뉴욕 선』(*The New York Sun*)에 게재한다. 자신의 시를 양국의 주요 언론사에 사실상 거의 동시에 발표했다는 것은, 그 자체로 당대에 그의 영향력이 얼마나 막강했는지를 보여주는 증거이다.

제1연에서 키플링은 독자에게 자녀들 중에서 가장 훌륭한 아들을 골라 "유배지"로 보내라고 말한다. 제국주의의 유지 및 확장을 위한 백인의 헌신과 희생을 기뻐하고 또 기쁘게 참여하라는 독려이다. 시의 역사적 배경으로 볼 때 "유배지"는 필리핀을 가리키지만, 더 크게는 당시 서방 세계가 지배하던 모든 식민지를 포괄한다. 식민지에 대한 키플링의 편견은 "유배지"라는 표현에서부터 드러난다. 식민지 주민 모두를 범죄인과 동일시하는 것이기 때문이다.

이어서 그는 식민지 주민을 "반은 악마요 반은 어린애"라고 규정한다. 이는 극도의 인종주의적인 편견으로, 식민지 주민 전체를 악마화하고 미성숙한 존재로 규정하는 것이다. 구체적으로, 식민지 주민을 미성숙한 존재로 그리는 것은 백인들에게 식민지 주민의 교화와 교육의 책임이 있음을 정당화한다. 또한 식민지 주민을 악마화하는 것은 그들이 이교도임을 강조해 백인들의 포교활동을 당연시한다. 이는 당시 제국주의를 지탱하는 중요한 관념 중의 하나였던 기독교 선민의식과 깊이 연관되어 있다.

제2-3연까지는 식민지에서 백인 지배자가 해야 할 일이 무엇인지를 구체적으로 나열한다. 제2연에서 백인은 인내심을 갖고, 자만심을 절제하며, 평이한 언어로 식민지 주민에게 봉사할 것을 요구받는다. 그 가운데 백인은 오직 타인의 이익을 위해 헌신하는 이상적 존재로 그려진다. 식민 지배를 '희생'과 봉사로 미화하는 전형적인 제국주의 수사에 해당한다. 제3연에서는 백인이 평화를 위해 야만적인 전쟁을 수행하고, 기근을 해소하며 질병을 없애는 문명화의 사명을 수행하는 것으로 그려진다. 키플링은 이 과정이 매우 고통스럽고 비효율적이며, 식민지 주민의 게으름과 우매함으로 인해 헛수고가 될 수도 있다고 경고한다. 여기에는 식민지 주민이 무능하기 때문에 백인 지배 없이는 발전할 수 없다는 생각이 깔려 있다.

제4연은 식민 통치가 영광스러운 것이 아니라, 노예나 청소부처럼 고된 봉사임을 강조한다. 그처럼 고단한 일임에도 불구하고 백인은 어느 곳이든 식민지를 개척하고, 식민지 개척을 위해 필요하다면 목숨도 바쳐야 한다고 촉구한다. "너의 죽음을 그곳에 새겨 넣어라"라는 구절은 식민지 개척의 사명에 숭고함과 비장미를 더한다. 키플링의 「백인의 짐」은 당대에는 백인의 희생을 거룩한 사명으로 노래해 제국주의자들의 열정을 고취했으나, 오늘날에는 제국주의적 선민의식과 인종적 편견 때문에 비판 받는다.

세계와 전쟁

In peace, sons bury their fathers.
In war, fathers bury their sons.
평화로울 때는 아들이 아버지를 묻지만
전쟁 때는 아버지가 아들을 묻는다
- 헤로도토스 -

Exposure

Wilfred Owen

Our brains ache, in the merciless iced east winds that knive us…
Wearied we keep awake because the night is silent…
Low drooping flares confuse our memory of the salient…
Worried by silence, sentries whisper, curious, nervous,
But nothing happens.

Watching, we hear the mad gusts tugging on the wire,
Like twitching agonies of men among its brambles.
Northward, incessantly, the flickering gunnery rumbles,
Far off, like a dull rumour of some other war.
What are we doing here?

The poignant misery of dawn begins to grow…
We only know war lasts, rain soaks, and clouds sag stormy.
Dawn massing in the east her melancholy army
Attacks once more in ranks on shivering ranks of grey,
But nothing happens.

Sudden successive flights of bullets streak the silence.
Less deadly than the air that shudders black with snow,
With sidelong flowing flakes that flock, pause, and renew,
We watch them wandering up and down the wind's nonchalance,
But nothing happens.

Pale flakes with fingering stealth come feeling for our faces—
We cringe in holes, back on forgotten dreams, and stare, snow-dazed,
Deep into grassier ditches. So we drowse, sun-dozed,
Littered with blossoms trickling where the blackbird fusses.
—Is it that we are dying?

- watching: 감시하다, 경계근무를 서다
- wire: 철사, 특히 가시 철조망
- ranks: 병사들, 혹은 길게 늘어선 대열
- nonchalance: 문제 없다는 태도, 태연함
- holes, ditches: 제1차 세계대전 당시의 전장의 참호를 상징

노출 월프레드 오웬

머리가 아프다, 무자비한 얼음 동풍이 우리를 칼처럼 찌른다...
우리는 지쳤지만 깨어있다, 밤이 조용하기 때문이다...
낮게 드리운 조명탄이 전선의 기억을 흐리게 한다...
정적에 지친 보초병들이 속삭인다, 호기심과 불안 속에서
　　그러나 아무 일도 일어나지 않는다

보초를 선 우리는 광풍이 철조망을 긁는 소리를 듣는다
마치 나무떨기 속에서 인간의 고통이 경련하는 듯하다
북쪽에선 끊임없는 포성이 번쩍이며 으르렁 댄다
아득히 멀어 마치 남의 전쟁에 관한 지루한 소문 같다
　　우리는 여기서 무엇을 하는가?

가슴 저미는 새벽의 비참함이 차오른다...
아는 거라곤 오직 전쟁이 이어지고, 비로 흠뻑 젖었고, 구름이 폭풍이 된다는 것
새벽은 동쪽에서 우울한 군대를 거대하게 결집시켜
떨고 있는 회색빛 병사들의 대열을 또다시 공격한다
　　그러나 아무 일도 일어나지 않는다

갑작스레 연이어 날아든 총알이 침묵 속을 질주한다
그러나 그보다 더 치명적인 것은 눈으로 검게 전율하는 이 공기
눈송이가 떼 지어 멈추다가 새로이 시작하며 비스듬히 흩날린다
우리는 만사태평한 바람을 타고 오르락내리락 방황하는 눈을 바라본다
　　그러나 아무 일도 일어나지 않는다

창백한 눈송이들이 다가와 살며시 우리 얼굴을 더듬는다
우리는 구덩이 속으로 움츠리고 잊었던 꿈으로 돌아가 넋 놓고 눈을 본다
풀 덮인 참호 안으로 깊이 잠긴다, 우리는 햇살에 취한 채 졸고
꽃송이가 흩어져 어지러운 곳에 검은 새가 안달한다
　　우리는 죽어가는가?

작가 이야기: 참호의 증언으로 세상을 깨운 목소리, 윌프레드 오웬

윌프레드 오웬(Wilfred Owen, 1893-1918)은 제1차 세계대전(1914-1918)에 참전한 군인 시인이자 대표적인 반전(anti-war) 시인이다. 영국 슈롭셔에서 가난한 집안의 4남매 중 장남으로 태어났으며, 청소년기부터 문학에 관심을 보인다. 런던 대학교(University of London)에 합격하지만, 아쉽게도 장학금을 받지 못해 입학을 포기한다. 이후 레딩(Reading) 지역에 있는 유니버시티 칼리지(University College)에서 잠시 청강하면서 학업에 대한 갈증을 달랜다. 제1차 세계대전이 발발한 이듬해 그는 영국 육군에 자원입대해 1916년부터 프랑스 전선에 장교로 참전한다.

오웬이 전쟁 시인으로 거듭난 것은 전쟁터에서 외상 후 스트레스 장애(post-traumatic stress disorder)를 겪은 뒤의 일이다. 전쟁터에 처음 투입된 오웬은 장교라는 지위를 명예롭게 여기고 가난한 집안을 일으킬 기회라고 생각한다. 이에 군인으로서 성공하기 위해 지휘관으로서 솔선수범한다. 그 과정에서 그는 부하를 잃었을 때 느끼는 죄책감과 슬픔, 장교로서의 책임감, 전투에서 느끼는 인간적 두려움 등을 적절히 해소하지 못한다. 이로 인해 결국 참호에서 정신을 잃고 쓰러진다.

그는 스코틀랜드에 있는 크레이그록하트 전쟁 병원(Craiglockhart War Hospital)으로 후송되어 '전쟁 신경증'(shell-shock)이라는 진단을 받는다. 당시는 외상 후 스트레스 장애라는 개념조차 없었다. 그럼에도 이 병원은 전쟁 중 정신적 외상을 입은 군인들을 치료하면서 이 증상이 극심한 심리적 충격으로 발생하는 질환임을 알아챘다. 병원에 도착한 오웬은 발작, 경련, 불안, 악몽, 불면 등에 시달리지만, 점차 상담과 최면요법 등을 통해 자신이 겪은 전쟁 경험을 직면한다. 이를 통해 그는 전쟁을 보다 객관적으로 이해하게 된다.

크레이그록하트 전쟁 병원에서 지그프리드 사순(Siegfried Sassoon, 1886-1967)을 만난 것도 그가 전쟁 시인으로 거듭나는 결정적인 계기가 된다. 그 당시 이미 전쟁 시인으로 이름이 알려져 있던 사순은 트라우마로 고통받는 오웬에게 전쟁의 기억을 억압하지 말고 시로 표현하라고 권유한다. 그 조언에 따라 오웬은 악몽과 최면요법을 통해 되살아난 전쟁 장면들을 시로 형상화하기 시작한다.

오웬은 기억하고 싶지 않은 장면들과 그로 인한 두려움과 공포를 언어로 옮기면서 전쟁의 현실을 미화하거나 영광으로 포장하는 언어가 거짓이라는 확신을 얻는다. 이후 그의 시는 기나긴 참호 속에서 버티다 무너지는 젊은이들의 고통을 담으며, 그들을 전쟁터로 내몬 세상에 대한 깊은 분노를 드러낸다. 전쟁의 정당성과 효용성에 의문을 제기하고 그것을 미화하는 국가와 사회의 위선을 고발한다.

동시에 그는 장교로서의 책임을 다하기 위해 전선으로 복귀한다. 1918년 8월 31일 프랑스 서부 전선에 배치된 오웬은 두 달 남짓 전투에 참여하다, 종전 일주일 전인 11월 4일 전사한다. 종전을 알리는 종이 울리는 바로 그날 그의 전사 소식이 가족에게 전해진다. 그리고 그의 상관은 "그의 직무에 대한 열정적인 헌신은 높이 칭찬받아 마땅하다"라고 말하며 훈장을 추서한다.[32]

작품 이야기: Exposure「노출」

윌프레드 오웬의「노출」("Exposure")은 총 8연으로 이루어진 시이며, 이 책에서는 제1-5연을 인용하였다. 이 시는 abba의 각운 구조를 엄격하게 유지하면서도, 전통적인 리듬 패턴을 따르지 않고 있다. 각 연의 마지막 행을 제외하고 나머지 시행들은 상대적으로 매우 길다. 이는 전장에서 병사들이 겪는 지루하고 불안한 기다림, 시간이 정지한 듯한 느낌, 심리적 고통과 무기력함을 매우 효과적으로 전달한다. 형식적 특성이 내용적 주제와 잘 어울린 예이다.

오웬은 제1-5연을 통해 전쟁의 무의미함과 병사들의 고통을 단계적으로 심화시켜 나간다. 구체적으로 제1연은 혹독한 추위가 엄습하는 깊은 밤에 병사들이 겪는 감각적 고통을, 제2연은 가혹한 자연 조건 속에서 병사들이 느끼는 전쟁터의 공포와 폭력성을 그린다. 이어지는 제3연은 절망하는 병사들에게 다가올 새벽 공습의 공포를, 제4연은 총탄만큼이나 무자비한 고통을 안겨주는 눈과 바람의 위협을, 마지막 제5연은 그 가운데서 젊은 군인들이 꿈꾸는 생의 열망을 슬프게 그려낸다.

그럼에도 이 시의 압권은 각 연의 마지막, 다섯 번째 행에 있다. 앞선 네 행이 긴 호흡으로 전쟁터의 상황과 병사들의 심리를 묘사하는것과 달리, 짧은 다섯 째 행은 서술의 흐름을 끊는다. 마치 졸린 병사들이 몽환적으로 빠져드는 전쟁 서사에 브레이크를 걸듯, 강한 충격을 준다. 제1연부터 마지막 8연까지의 다섯 번째 행만 따로 모으면 다음과 같다.

그러나 아무 일도 일어나지 않는다 (But nothing happens, 제1연)
우리는 여기서 무엇을 하는가? (What are we doing here? 제2연)
그러나 아무 일도 일어나지 않는다 (But nothing happens, 제3연)
그러나 아무 일도 일어나지 않는다 (But nothing happens, 제4연)
우리는 죽어가는가? (Is it that we are dying? 제5연)
우리는 다시 죽음으로 돌아간다 (We turn back to our dying, 제6연)
사랑의 신도 죽어가는 듯 하다 (For love of God seems dying, 제7연)
그러나 아무 일도 일어나지 않는다 (But nothing happens, 제8연)

이 반복과 변주는 시인이 전달하고자 하는 중심 메시지, 즉 전쟁의 무의미함과 고통의 지속을 극적으로 부각시킨다.

오웬이 겪은 제1차 세계대전은 인류 역사상 처음으로 생화학 무기와 대량살상 무기가 본격적으로 사용된 전쟁이다. 군인들은 독가스와 포격이 이어지는 상황 속에서 24시간 내내 죽음의 공포와 불안에서 견뎌야 한다. 상황을 더욱 참혹하게 만든 것은 참호(trench)이다. 애초에 적의 공격을 피하고 아군을 엄폐하기 위해 만든 참호는 전선이 길어지고 전쟁이 장기화되면서 점점 확대된다. 군인들은 그 속에서 이동하고, 먹고, 자며 일상을 견딘다. 비가 오면 물웅덩이 속에서 잠을 자고, 이로 인해 감염과 동상 등의 질병에 시달린다. 포격이라도 맞을 경우 참호는 그대로 무덤이 된다. 참호는 더 이상 방어 진지가 아니라 '함정'이다.

이런 이유로 제1차 세계대전을 '참호전'(trench warfare)이라 부르기도 한다. 오웬의 「노출」("Exposure")은 참호 속에서 매 순간 죽음의 공포를 견디는 병사들의 고통을 매우 사실적으로 보여준다. 특히 「노출」이라는 제목은 대량 생산된 총탄과 포탄, 그리고 독가스가 쏟아지는 전쟁터에서 참호는 아무런 보호막이 되지 못한다는 사실을 역설적으로 강조한다. 이를 통해 '참호전'의 무의미함을 고발하고, 어떤 전쟁터에서도 군인은 안전할 수 없다는 사실을 강렬하게 환기시킨다.

멀리서 들려오는 포격 소리를 두고 "남의 전쟁"이라고 말하는 것은 전쟁이 긴박하지 않다는 뜻이 아니다. 오히려 지금도 누군가가 죽어가고 있을 그 순간을 가까스로 넘겼다는 안도감과, 곧 그 죽음이 곧 자기 차례가 될 것이라는 두려움이 담겨 있다. 내리는 눈발 또한 이들에게 위안이 되지 않는다. 결국 그들은 얼어 죽든, 폭격에 죽든, 독가스로 죽든, 죽음을 피할 수 없는 운명으로 예정되어 있다.

이러한 상황에서 "그러나 아무 일도 일어나지 않는다"는 구절은 단순히 '죽지 않아서 다행'이라는 의미가 아니다. 죽음이 24시간 그림자처럼 드리운 전장에서 오웬과 병사들이 가장 간절하게 바라는 것은 오직 '삶'이다. 전쟁이 끝나고 죽음의 위험에서 벗어나 고국으로 돌아가 평범한 일상으로 돌아가는 것, 바로 그것이다. 반복되는 "그러나 아무 일도 일어나지 않는다"라는 구절은 그런 희망이 좌절되고 있는 현실을 더욱 슬프게 강조한다. 고착화된 전선, 계속 이어지는 전투, 옅어지지 않는 죽음의 공포, 그리고 의미 없는 싸움에 청춘과 생명을 허비하고 있다는 절망, 이것들이야 말로 이 반복 어구가 담고 있는 깊은 역설이다.

No Man is an Island

John Donne

No man is an island entire of itself; every man
is a piece of the continent, a part of the main;
if a clod be washed away by the sea, Europe
is the less, as well as if a promontory were, as
well as any manner of thy friends or of thine
own were; any man's death diminishes me,
because I am involved in mankind.
And therefore never send to know for whom
the bell tolls; it tolls for thee.

- clod: 흙덩어리
- promontory: 곶, 바다쪽으로 길게 부리 모양으로 돌출한 땅
- thine: 너의 것(yours의 옛 형태)
- the bell: (여기서는 죽음을 알리는) 교회 종

인간은 섬이 아니다

존 던

누구도 그 자체로 완전한 섬이 아니다
모든 인간은 대륙의 한 조각, 전체의 한 부분이다
한 줌의 흙덩이가 바다에 씻겨 나가면
유럽은 그만큼, 마치 곶이 사라진 만큼 줄어든다
어떤 식으로든 그대나 그대의 친구가 그만큼 사라진 것이다
누구의 죽음이든 나를 축소시키니
내가 인류에 속하기 때문이다
그러므로 누구를 위해 종이 울리는지 묻지 마라
그 종은 그대를 위해 울리는 것이다

작가 이야기: 모든 인간이 이어져 있다는 깨우침, 존 던

존 던(John Donne, 1572-1631)은 문학사적으로 신고전주의 시인으로 분류되며, 더 세분하면 형이상학파(metaphysical school) 시인에 속한다. 형이상학파는 신고전주의 시인들 가운데서도 특히 지성적인 특성을 강조한 그룹이다. 이들은 현학적이고 철학적인 분위기를 추구하고, 이질적인 관념을 결합한 기발한 발상과 반어적이거나 역설적 표현을 즐겨 사용했다.

'형이상학'이라는 명칭 때문에 이들의 시가 매우 진지하고 심오한 철학적 주제를 다룬다고 오해하기 쉽지만, 실제로는 그렇지 않다. 이들을 처음 형이상학파(Metaphysical Poets)라고 부른 인물은 18세기 문인이자 평론가였던 사무엘 존슨(Samuel Johnson, 1709-1784)이다. 그는 이들이 부조화스러운 것들을 억지로 결합해 마치 형이상학적 사고를 하는 듯한 인상을 준다며 다소 조소 섞인 어조로 이 용어를 사용했다. 비록 폄하의 의도로 시작된 명칭이지만, 오늘날 형이상학파는 과학적 세계관이 형성되던 시대에 지식인들의 사유와 감수성을 민감하게 반영한 유파로 재평가된다. 또한 감성을 중심으로 전개되는 문학사에서 이성을 강조하는 드문 시적 경향을 보인 것 때문에, 그들만의 독자적인 위치를 인정받는다.

존 던은 1572년 런던의 한 카톨릭 가문에서 태어난다. 그의 외가는 토머스 모어(Thomas More)의 후손으로, 당대 영국에서 가장 저명한 가톨릭 집안 중 하나이다. 엘리자베스 1세 치하에 영국은 가톨릭을 강하게 탄압했기 때문에, 그의 가문은 정치적, 종교적 억압 아래 살아간다. 이것이 던의 삶을 좌절시키는 굴레로 작용한다. 던은 옥스퍼드 대학과 케임브리지 대학을 다니지만 학위를 받지 못한다. 당시에는 대학 학위를 받기 위해서 영국 국교회(오늘날 성공회) 수장인 국왕에게 충성 맹세를 해야 했다. 가톨릭 신도였던 던은 이 맹세를 거부해 어느 곳에서도 학위를 받지 못한다. 이후 법률가가 되기 위해 링컨스 인(Lincoln's Inn)에서 법률 교육을 받지만, 결국 이것도 중도에 포기한다. 동생이 가톨릭 탄압으로 처형

되면서 법률가로서의 삶에 회의를 품었기 때문이다.

그의 인생은 결혼과 개종이라는 두 가지 큰 사건을 통해 전환점을 맞는다. 1601년 그는 상관의 조카이자 귀족 가문 출신인 앤 모어(Anne More)와 비밀리에 결혼한다. 이 일로 그는 감옥에 갇히고 정치적 후원을 잃는다. 하지만 그의 재능을 아끼는 사람들의 노력 덕분에, 감옥에 그리 오래 머물지는 않는다. 이후 그의 삶은 마치 긴 어둠의 터널을 지나는 것처럼 고통스럽게 펼쳐진다. 그는 실직에 이은 가난, 열두 명의 자녀를 부양해야 하는 현실적 부담, 간헐적으로 찾아오는 질병, 세상에서 소외되는 아픔 등을 견디며 아주 긴 시간을 보내게 된다.

이 시기를 지난 후 던은 가톨릭에서 영국 국교회로 개종하고, 당시 국왕이던 제임스 1세의 후원을 받아 1615년 영국 국교회 사제(Anglican priest)로 임명된다. 이후 그는 왕실 설교가로서 명성을 얻으며 성 바울 대성당(St. Paul's Cathedral)의 수석 사제로 생을 마친다. 이런 이유로 그의 작품 세계는 사제 서품 전과 후로 극명하게 나뉜다. 젊은 시절 그는 엘리트 청년들 사이에서 유행하던 풍자시와 연애시를 주로 쓰며 문단에 이름을 알린다. 반면 사제 서품 후에는 설교가와 신학자로 활동하면서 삶과 죽음, 영혼과 육체, 인간과 신의 관계처럼 심오한 주제를 담은 종교시를 주로 집필한다.

그가 로마 가톨릭에서 영국 국교회로 개종한 이유가 명확히 밝혀지지 않아, 세속적인 동기 때문이 아닌가 짐작하는 이들도 있다. 실제로 영국 국교회 사제가 된 뒤 그가 설교자로서 큰 명성을 얻고 교회 조직 내에서도 빠르게 출세했기 때문에 그런 시선을 완전히 배제하기는 어렵다. 그러나 개종 이후 그가 남긴 설교문과 종교시는 그러한 의구심을 불식시키기에 충분할 만큼 진지하고 심오한 신앙적 성찰을 담고 있다. 오랜 고난 속에서 체험적으로 얻은 깊은 통찰을 담고 있는 이 시들 덕분에, 오늘날 그는 영문학사에서 3대 종교 시인 중 하나로 불린다.

그의 인생 행로가 극적으로 변한 것과는 별개로 형이상학파적 특징은 연애시에서 종교시까지 일관되게 유지된다. 예를 들어 그의 대표적인 종교시 「나의 가슴을 치소서, 삼위일체이신 하나님」("Batter my heart, three-personed God")에서는 "약혼"(betrothed), "이혼"(divorce), "투옥"(imprison), "겁탈"(ravish)과 같이, 일반적으로 종교시에서는 잘 쓰지 않는 표현들을 사용해 신과 그의 절대적 관계를 형상화한다. 이런 점에서 존 던은, 비록 삶의 궤적에 따라 세속 시인과 종교 시인으로 나뉘지만, 본질적으로는 신고전주의자이고 형이상학파 시인이다.

작품 이야기: No Man is an Island 「인간은 섬이 아니다」

존 던의 「인간은 섬이 아니다」("No Man is an Island")는 오늘날 시로 널리 알려져 있으나, 원래는 산문의 일부이다. 전통적인 정형시에서는 각 행의 첫 글자를 대문자로 시작하는 것이 일반적이다. 이 작품처럼 행을 소문자로 시작하는 것은 이것이 산문에서 비롯되었음을 알려주는 단서이다.

「인간은 섬이 아니다」는 1624년 존 던이 발표한 산문집 『새로운 일에 대한 기도』(*Devotions upon Emergent Occasions*)에 수록된 「명상록 17」("Meditation 17")의 일부이다. "인간은 세계보다 더 많은 조각, 더 큰 부분으로 구성되어 있다"("Man consists of more pieces, more part, than the world")고 말한 「명상록 4」("Meditation 4")와 함께, 던의 명상록 가운데 가장 널리 인용되고 기억되는 글이다. 명상록마다 라틴어 경구로 시작하는데, 「명상록 17」은 "이제 그것들이 느리게 울리며 말하니, 그대는 죽을 것이다"(*Nunc lento sonitu dicunt, morieris*)로 시작한다.[33] 여기서 "그것들"은 당시 죽은 자를 위해 관습적으로 울리던 장례 종을 의미한다.

존 던이 이 명상록을 쓴 시기는 1623년 심한 병으로 죽음의 문턱까지 갔던 때이다. 그러므로 이 글은 죽음의 공포를 마주한 그가 죽음의 의미를 깊이 성찰한 끝에 얻은 깨달음을 신앙과 인간애의 차원으로 승화한 글이다. 첫 두 행은 모든 인간이 세계의 한 부분임을 명확히 선언한다. 이는 두 가지 의미를 내포하는데, 첫째는 각 인간이 고유한 가치를 지닌 하나의 세계라는 인식이고, 다른 하나는 세계가 하나이듯 모든 인간 역시 서로 긴밀하게 연결된 존재라는 인식을 담고 있다.

이어지는 제3-5행은 한 인간 존재가 얼마나 큰 의미인지를 유럽 대륙이라는 지리적 이미지를 통해 전달한다. '한 줌의 흙덩이가 바다에 씻겨 나가면 유럽은 그만큼 줄어든다'라고 말한 것은 단지 물리적인 면적 손실을 의미하는 것이 아니다. 그 흙덩이가 전체의 일부이며 또 필수적인 구성 요소라고 강조하는 것이다.

제6-7행은 유럽 대륙이라는 지리적 이미지에서 인간 사회로 옮겨온다. 던은 "그대나 그대의 친구가 그만큼 사라진 것이다"라고 말하며, 다른 이의 죽음이 곧 '나'라는 존재의 일부를 상실하는 것과 같다고 말한다. 이는 모든 인간이 서로 연결된 존재이며, 모두가 형제로서 하나의 운명 공동체라는 인식과 연결된다. 이러한 인식은 "내가 인류에 속하기 때문"이라는 한 문장에 더욱 응축되며, 모든 인간이 서로에게 책임과 연대의 근거가 된다는 깨달음을 준다.

마지막 두 행은 나중에 헤밍웨이(Ernest Hemingway, 1899-1961)의 소설 제목으로 더 널리 알려진 구절이다. 던이 이 글을 쓸 당시에는 공동체마다 교회가 있었고, 모든 이의 탄생과 죽음은 교회의 관심 속에서 이루어졌다. 누군가 사망하면 교회가 가장 먼저 조종(弔鐘)을 울리고, 사람들은 그 소리를 듣고 자연스레 누군가가 죽었다는 것을 알게 된다. 하지만 던은 누구의 죽음 때문에 그 종이 울리는지 궁금해하지 말라고 충고한다. 이는 타인의 죽음에 관심을 두지 말라는 뜻이 아니다. 오히려 그것을 자신의 죽음, 혹은 자기 존재의 일부가 죽는 일로 받아들이라는 충고이다. 이는 매우 고차원적인 보편적 휴머니즘에 해당한다.

「명상록 17」에서는 "그러므로 누구를 위해 종이 울리는지 묻지 마라. 그 종은 그대를 위해 울리는 것이다"라는 유명한 문장 뒤에 다음 내용이 이어진다. "남의 불행을 함께 짊어진다고 해서 우리가 괜히 고통을 더 떠안는 것이 아니다. 이미 우리 삶에는 충분한 고통이 있고, 다른 이의 고통을 나누는 것은 새로운 고통을 빌려오는 일이 아니라 우리 존재가 서로 연결되어 있음을 드러내는 것이다." (Neither can we call this a begging of misery, or a borrowing of misery, as though we were not miserable enough of ourselves, but must fetch in more from the next house, in taking upon us the misery of our neighbors). 이는 타인의 고통을 외면하지 말고 자신의 삶과 존재를 되돌아보는 기회로 삼으라는 가르침이다. 죽음을 공동체적 연대의 계기로 삼는 그의 시선은, 오늘날에도 인간의 연결성과 책임을 성찰하게 하는 통찰로 종종 재조명되고 있다.

자아와 공동체

In every community, there is work to be done.
In every nation, there are wounds to heal.
In every heart, there is the power to do it.
모든 공동체에는 할 일이 있고
모든 나라에는 치유해야 할 상처가 있으며
모든 사람의 마음에는 그것을 해낼 힘이 있다.
- 마리안 윌리엄슨 -

Invictus William Ernest Henley

Out of the night that covers me,
Black as the pit from pole to pole,
I thank whatever gods may be
For my unconquerable soul.

In the fell clutch of circumstance
I have not winced nor cried aloud.
Under the bludgeonings of chance
My head is bloody, but unbowed.

Beyond this place of wrath and tears
Looms but the Horror of the shade,
And yet the menace of the years
Finds and shall find me unafraid.

It matters not how strait the gate,
How charged with punishments the scroll,
I am the master of my fate,
I am the captain of my soul.

◆ fell: 사나운, 잔혹한
◆ wince: 주저하다, 움찔하다 (힘을 제대로 발휘하지 못하는 상태)
◆ bludgeonings: 몽둥이로 때림
◆ chance: 운수, 운명
◆ menace: 위협, 성가시고 고통스러운 상황
◆ scroll: 천국의 책, 인간의 이름과 행위가 기록되어 있는 두루마리

인빅투스 　월리엄 어니스트 헨리

나를 뒤덮은 밤
　두 극지를 잇는 구덩이처럼 짙은 어둠 속에서
어느 신이든 간에
　내게 백절불굴의 영혼을 준 것에 감사하노라

환경의 잔인한 손아귀에도
　나는 움츠리거나 소리 내어 울부짖지 않았노라
운명의 몽둥이질에
　머리가 피투성이 되어도 굽히지 않았노라

분노와 눈물로 가득한 이 땅 너머에
　공포의 그림자만 도사린다 해도
세월의 고통은 오직
　두려움 없는 나를 보리라, 앞으로도 그리하리라

천국의 문이 아무리 비좁고
　죄의 명부가 형벌로 가득 찬다 해도 상관치 않으리라
내가 내 운명의 주인이다
　내가 내 영혼의 선장이다

작가 이야기: 고통을 존엄으로 승화한 시인, 윌리엄 어니스트 헨리

윌리엄 어니스트 헨리(William Ernest Henley, 1849-1903)는 영국 북부 글로스터(Gloucester)에서 태어난다. 아버지는 책 인쇄 및 판매업을 겸하는 소상공인이었고, 형제들은 성장 후 배우, 화가, 대영박물관 직원 등 서로 다른 전문 직업을 택한다. 비교적 안정된 환경에서 성장한 그는 12세에 양쪽 발목에 만성 골수염이 발병하면서 불행을 겪기 시작한다. 이 병은 결핵성 질환으로 추정되지만, 정확히 밝혀지지는 않았다. 다양한 비과학적 치료는 물론, 선진적이라 할 만한 과학적 치료까지 시도했지만 효과를 보지 못한다. 결국 16세 무렵 왼쪽 다리를 절단하고 의족을 착용하게 된다.

1872년 여름 23번째 생일을 앞두고 다시 병이 재발하자 여러 의사가 남은 다리도 마저 절단해야 한다고 권한다. 그러나 헨리는 다리를 절단하지 않는 치료법을 찾아 에딘버러(Edinburgh)의 한 병원에서 1873년 8월부터 1875년 4월까지 약 20개월간 입원 치료를 받는다. 당시 그가 친구에게 보낸 편지를 보면 상황은 상당히 절망적이다. "나의 발! 나는 상황이 최악으로 흘러갈 것이라 예상한다. 내 발은 결코 좋아지지 않을 것이다."[34] 그럼에도 그는 결국 남은 오른쪽 다리를 지켜낸다. 그간의 힘든 병상 경험은 이른바 '병원 시'(The Hospital Poems)로 형상화된다. 이 시들은 이후 헨리에게 문학적 명성을 안겨주고 그의 삶을 지탱해 주는 유·무형적 자산이 된다.

헨리는 오늘날 비평계에서는 거의 조명되지 않는 시인이다. 그의 시는 대체로 관습적이고 무난하며, 「인빅투스」("Invictus")외에는 널리 알려진 작품도 거의 없다. 그러나 빅토리아 시대 말기에 그는 시인, 비평가, 편집자로서 상당한 위치를 확보하고 있었다. 1880년대부터 1890년대까지 그는 『내셔널 옵저버』(*National Observer*)와 『새 비평』(*The New Review*) 혹은 『예술 잡지』(*The Magazine of Art*) 등 여러 영향력 있는 잡지의 편집자가 된다. 그는 자신이 몸담은 잡지를 위해 당대 최고의 필진을 영입하고, 때로는 본인이 직접 필진으로 참여해 "W. E. Henley" 혹은 "W.E.H."라는 이름으로 글을 게재하기도 했다. 당시에는 과도한 주목을 피하기 위해, 혹은 겸손의 표시로 이니셜만 밝히는 관행이 있었다. 하지만 그리 크지 않는 문학계에서, 그 이니셜이 헨리를 가리킨다는 것을 모르는 이는 드물었다. 그만큼 헨리는 문학계에서 유력인사였다.

헨리의 영향력이 커지자, 그를 따르는 젊은 작가들도 생겨난다. 헨리와 전혀 다른 시 세계를 구축한 예이츠(W. B. Yeats)도 "내가 그의 모든 것에 찬성하는 것은 아니나, 말로 표현할 수 없을 정도로 그를 존경한다"라며 깊은 존경심을 표한다.[35] 동시대인이 헨리에게 보이는 이같은 존경심은 대체로 「인빅투스」에서 드러난 그의 강인한 삶의 태도에 기인한다. 일부 비평가들은 이 시를 '영웅적으로 잘난 척하는 자의식적 시'라고 비판하지만, 「인빅투스」는 그저 그런 자의식적 시가 아니다. 한 인간이 극한의 고통과 절망을 견디며 살아온 시간의 깊이를 증명하는 기록이다.

헨리의 시는 빅토리아시대 시에 자주 등장하는 내면의 어둠이나 소외의 고통이 아니라, 훨씬 더 구체적이고 공감 가능한 주제인 육체적 고통을 담고 있다. 이는 문학사 전체를 통틀어도 매우 드문 예이다. 바로 이 점 때문에 그의 시는 독자들에게 더욱 깊은 인상을 남긴다. 하지만 이로 인해 그의 다른 시들–이를테면 병원에 머무는 동안 간호사로 추정되는 여성을 염두에 두고 쓴 연애시 혹은 도시에서의 일상을 노래한 시 등–은 상대적으로 큰 주목을 받지 못한 아쉬움도 있다.

작품 이야기: Invictus 「인빅투스」

「인빅투스」는 '정복되지 않는' 혹은 '불패의'라는 의미를 가진 라틴어로, 국내에서는 「백절불굴」(百折不屈)로 번역된 바 있다. 이 시의 원래 제목은 「삶과 죽음 4」("Life and Death 4")로 '삶과 죽음'이라는 동일한 주제를 다룬 여러 시편 중의 하나이다. 시의 분위기와 원제의 의미로 보아, 헨리가 병원 시절에 쓴 것으로 추정된다. 하지만 이 시는 1867년 처음 병원에서 쓴 시들을 모아 출판한 시집 『병원에서』(*In Hospital*)에 수록되어 있지 않다. 이 시가 처음 세상에 공개된 것은 20년 후인 1888년 『시집』(*A Book of Verses*)을 통해서이다. 이 때문에 이 시가 실제로 병원 시절에 쓴 것인지, 왜 오래도록 출판을 미루었는지에 대한 논의가 있어 왔다. 하지만 시인이나 비평가 모두 이에 대해 명확한 답을 남기지 않았다.

이런 논란과 무관하게, 이 시는 1888년 첫 출판 이후 놀라운 사랑을 받으며 헨리를 주목할 만한 시인의 반열에 올려놓는다. 20세기 초까지도 그 사랑이 꾸준히 이어져, 당시 활동하던 작곡가 브루노 훈(Bruno Huhn)과 C. A. 리지(C. A. Lidgey) 등이 이 시에 곡을 붙여 가창곡으로 만든다. 현재도 이 가창곡들의 공연 영상을 온라인에서 확인할 수 있다.

구체적으로 이 시는 전통적인 4행 연구 정형시로, 전체 4연 모두 시인이 처한 가혹한 상황을 묘사한 후, 그런 환경 속에서도 꺾이지 않는 용기를 강조하는 구조를 반복한다. 다만, 구조 면에서 약간씩 변화를 꾀해 시적 긴장감을 유지한다.

제1연의 제1-2행은 "밤"과 "두 극지를 잇는 구덩이"라는 표현을 통해 시인이 처한 상황이 '벗어날 수 없는 광대하고도 암울한 어둠'의 상태라고 강조한다. 제3-4행에서는 그러한 상황을 극복할 수 있도록 '백절불굴'의 영혼을 준 신에게 감사한다. "어느 신이든 간에"라는 표현은 전통적인 기독교 유일신 사상보다 훨씬 더 다원적인 신 개념을 보여준다. 19세기 말 서구사회의 탈종교적 경향을 반영한다.

제2연에서는 제1행과 제3행(구체적으로는 4행 전반부까지)이 삶의 가혹한 조건을 묘사하고, 제2행과 제4행은 그에 굴하지 않는 시인의 태도를 그린다. 이러한 구조적 변화 때문에 제1연과 의미는 비슷하지만, 지루한 느낌을 주지 않는다. 또한 제1-2행은 현재완료시제를, 제3-4행은 현재시제를 사용한 것도 변화이다. 이를 통해 과거에서 현재까지 고통이 지속되었고, 그것을 일관되게 극복해왔음을 강조한다.

제3연에서 제1-2행은 삶 전체를 지배하는 암울한 분위기를 강조하며 죽음 너머에도 희망이 없다고 말한다. 죽음 이후에도 그를 기다리는 것은 오직 고통뿐이기 때문이다. 하지만 그는 제3-4행을 통해 어떠한 고통의 시간이 다가와도 두려움에 떨지 않을 것이라고 호언장담한다. 이 즈음에서 그는 처음으로 미래 시제를 사용한다. 이처럼 중심 시제가 과거에서 현재로, 현재에서 미래로 점진적으로 변화하는 것은 단순히 고통의 시간을 나열하는 것이 아니다. 그의 의지가 온 생애를 아우르는 삶의 원리로 작동하고 있음을 상징한다.

마지막 연에서 "죄의 명부"는 신이 인간의 죄를 기록해 두었다가 심판의 날에 들여다보는 '생명책' 혹은 '심판의 두루마리'를 가리킨다. 이로써 시인은 인간의 삶과 죽음에 기독교적 운명론이 작동하고 있다고 말한다. 그러나 시인은 그러한 세계관에 순응하지 않는다. 그는 비록 천국이 자신에게 허락되지 않는다 해도 삶의 방향과 영혼의 주체성을 스스로 선택하고 책임지겠다고 선언한다. 제4연의 마지막 두행은 그 선언을 담았기에 이 시 전체를 관통하는 메시지이다. 자신이 자신의 운명의 "주인"이고 "영혼의 선장"이라는 말은 단순히 백절불굴의 결의를 천명하는 것이 아니다. 삶 전체를 자신으로부터 시작하겠다는 철학적 결단이다. 운명에 굴복하지 않고 스스로의 삶을 주체적으로 이끌겠다는 헨리의 선언은 시대와 문화를 초월해 자기 통제, 인내, 책임, 자유의지에 대한 깊은 공감을 끌어낸다.

이 시가 갖는 보편성은 영화 『인빅투스』(*Invictus*, 2009)에서 특히 잘 나타난다. 이 영화는 넬슨 만델라(Nelson Mandela)가 남아프리카공화국 대통령이 된 후, 럭비 국가대표팀을 지원하며 인종 간 화합을 이끌어 내는 이야기를 담고 있다. 이 영화의 제목 『인빅투스』가 바로 헨리의 시에서 왔다. 만델라는 27년간의 감옥 생활을 견디는 동안 이 시를 암송하며 정신적 지주로 삼았다고 한다. 영화 속에서도 이 시는 중요한 장면에서 직접 인용되어, 만델라가 자유를 잃은 상태에서 자기 영혼의 '선장'이 되기를 포기하지 않았던 의지를 상징적으로 전달한다. 이를 통해 헨리의 「인빅투스」 또한 절망 속에서도 주체성을 잃지 않으려는 인간의 보편적 의지를 대변하는 작품으로 대중들에게 깊이 각인된다.

Be the Best of Whatever You Are

Douglas Malloch

If you can't be a pine on the top of the hill,
Be a scrub in the valley but be
The best little scrub by the side of the rill;
Be a bush if you can't be a tree.

If you can't be a bush be a bit of the grass,
And some highway happier make;
If you can't be a muskie then just be a bass —
But the liveliest bass in the lake!

We can't all be captains, we've got to be crew,
There's something for all of us here,
There's big work to do, and there's lesser to do,
And the task you must do is the near.

If you can't be a highway then just be a trail,
If you can't be the sun be a star;
It isn't by size that you win or you fail —
Be the best of whatever you are!

- scrub: 작은 관목, 가지가 많은 작은 나무
- rill: 작은 시냇물
- muskie: 물고기 (북미 지역 호수에 사는 청어목의 대형 물고기)
- bass: 농어

당신이 무엇이든, 그중에 최고가 되세요

더글러스 말로크

만약 당신이 언덕 꼭대기의 소나무가 될 수 없다면
골짜기의 나지막한 덤불이 되세요
하지만 실개천 옆에서 가장 작은 최고의 덤불이 되세요
나무가 될 수 없다면 작은 관목이 되세요.

만약 작은 관목이 될 수 없다면 한 포기 풀이 되세요
어느 길가를 더 행복하게 만드는 그런 풀요
만약 대왕 물고기가 될 수 없으면 그저 농어가 되세요
하지만 호수에서 가장 활기찬 농어가 되세요

우리 모두 선장이 될 수는 없어요, 선원도 있어야죠
우리 모두에게 맡겨진 일이 있잖아요
큰일도 할 수 있고, 그보다 덜 큰일도 있어요
그대가 해야 할 일은 가까이에 있는 그 일이에요

만약 고속도로가 될 수 없다면 그냥 오솔길이 되세요
태양이 될 수 없다면 별이 되세요
크기가 당신의 성공과 실패를 결정짓지 않아요
당신이 무엇이든, 그중에 최고가 되세요

작가 이야기: 직관과 유머로 공동체를 따뜻하게 한 시인, 더글러스 말로크

더글러스 말로크(Douglas Malloch, 1877-1938)*가 활동하던 19세기 말에서 20세기 초까지 미국은 제국주의 전쟁과 제1차 세계대전으로 인한 경제적 이익을 독점한다. 그 결과 미국은 세계 최대의 경제 대국으로 성장한다. 경제적 호황과 함께 치열한 경쟁의 시대가 열리고, 그 이면에 다양한 사회적 문제들이 노출되기 시작한다.

미국 문단은 이러한 사회문제를 심층적으로 조명하기 시작한다. 예를 들어 윌리엄 포크너(William Faulkner, 1897-1962)는 인간 내면의 상처를 깊이 파고들고, 피츠제럴드(F. Scott Fitzgerald, 1896-1940)와 헤밍웨이는 전쟁 이후의 짙은 허무를 문학으로 담아낸다. 하지만 말로크는 이러한 흐름에서 완전히 벗어나 있다. 그는 어떤 특정한 예술 운동이나 문단의 조류에 속하지 않았으며, 그렇다고 독창적인 세계관으로 새로운 문학적 지평을 열지도 않았다. 그의 시는 형식이나 내용 면에서 평이하고 보편적인 대중 시를 추구한다. 특히 산업화 이전의 소박하고 성실한 삶에 대한 향수를 즐겨 담아, 굳이 비교하자면 롱펠로우의 시 세계와 일정 부분 닮아 있다.

말로크는 무엇보다 언론인으로서의 정체성이 두드러진다. 미시간주의 한 잡지사에서 편집자 겸 기고자로 활동을 시작한 그는 일생 동안 언론과 사회 활동에 적극적으로 헌신한다. 그 결과 그는 언론인으로서 매우 화려한 이력을 자랑하게 된다. 세계 최대 언론 단체 중 하나인 시카고 언론 클럽(The Press Club of Chicago)의 회장을 비롯해, 미국 전역의 신문사들과 협업하는 미국 언론 유머작가 협회(The American Press Humorists)의 회장, 시카고 작가 동맹의 지도자(Master of the Writer's Guild of Chicago), 미들랜드 작가 협회(Society of Midland Authors)의 부회장 등을 역임한다.[36]

* 말로크의 사진은 레이크쇼어 박물관(Lakeshore Museum Center) 소장본이며, 페이스북을 통해 확인하였다.

따라서 말로크에게 시는 직업적 정체성이나 예술적 야망의 발현이라기보다, 일상 속에서 잠시 즐기는 취미 활동에 가깝다. 그는 나무, 숲, 자연 등의 소재들을 시에 자주 활용하며, 건강하고 밝은 이미지 속에 도덕적 교훈을 담아내는 것을 즐긴다. 당시 문단이 산업화와 경쟁 사회에서 소외된 인간의 분노, 문명에 의해 훼손된 인간성 문제를 날카롭게 고발하는 것과 비교하면, 말로크의 시세계는 지나치게 긍정적이고 새롭지 않다는 이유로 비평적 조명을 거의 받지 못한다.

비평가들의 무관심과는 달리 말로크의 시는 대중으로부터 뜨거운 사랑을 받는다. 그의 시는 "기분을 새롭게 하고 유익하며 단순하고 직접적이고 인간적"이라는 평가를 받았으며, "신의 나라에서 온 메시지"라는 극찬을 듣기도 한다. 이는 말로크의 시가 기독교적, 도덕적 원리를 명료하고 친숙한 언어로 전달해, 독자에게 위로와 감화를 주는 능력이 뛰어났기 때문이다. 이런 특성 덕분에 당대에 그는 "살아 있는 모든 미국 시인 중에서 가장 많이 인용되는 시들을 남긴 시인"으로 꼽힌다.

그의 시가 대중의 사랑을 받은 이유에는 적절한 도덕적 교훈과 보편적인 감동의 메시지에 외에, 뛰어난 완성도도 포함된다. 말로크의 시는 대중 시로 분류되는 탓에, 대체로 그의 시적 능력도 과소평가되곤 한다. 그러나 그의 시들은 모두 일정 수준 이상의 형식적 완성도를 갖추고 있으며, 특히 평이하고 단순한 시어를 사용하면서도 음악성을 훌륭히 살려내는 비범한 능력을 보인다.

그는 자신의 재능을 밝고 긍정적인 세계를 표현하는 일에 주로 사용하는데, 이는 그의 성격과도 깊은 관련이 있다. 그는 종종 "세계 최고의 낙관주의자"라는 말을 들었으며, "위트"와 "유머"의 진가를 아는 인물로 평가받았다. 실제로 그를 만난 사람들은 하나같이 그의 유머에 웃음을 참지 못했다고 전한다. 이러한 성품은 그의 시 세계에도 고스란히 배어, 읽는 이로 하여금 편안함과 따뜻함을 느끼게 한다. 더욱이 말로크는 미국 미시건주의 머스키건(Muskegon)에서 태어나 생애 대부분을 그곳에 머문다. 또한 평생 언론계 외에 다른 곳에 몸담지 않는다. 말 그대로 그는 한평생을 활기차지만 무던하게 산 사람이다. 이런 삶의 방식이 그의 시에 고스란히 반영되어, 편안함을 전하는 중요한 요인이 된다.

작품 이야기: Be the Best of Whatever You Are「당신이 무엇이든, 그중에 최고가 되세요」

말로크의 「당신이 무엇이든, 그중에 최고가 되세요」("Be the Best of Whatever you are")는 1920년 9월 『교육 저널』(*The Journal of Education*)을 통해 처음 출판된다. 전체 4연의 짧은 시이고 각 연은 abab의 각운 구조를 갖는다. 리듬은 시행마다 변주가 커 하나의 정형 리듬으로 수렴되지 않는다. 하지만 "만약 관목이 될 수 없다면 한 포기 풀이 되세요"(If you can't <u>b</u>e a <u>b</u>ush <u>b</u>e a <u>b</u>it of the grass)와 "태양이 될 수 없다면 별이 되세요"(If you can't <u>b</u>e the <u>s</u>un <u>b</u>e a <u>s</u>tar)와 같은 구절에서 볼 수 있듯이, 두운(alliteration)이 정교하게 배치되어 시의 음악성을 효과적으로 전달한다. 또한 대부분의 어휘가 쉽고 짧은 단음절 단어로 구성되어 경쾌한 리듬을 이루고, 시 전체에 친숙하고 따뜻한 분위기를 불어 넣는다.

이 시는 영감을 주는 시, 교훈적인 시, 동기부여의 시 등으로 분류된다. 초판 이후 꾸준한 사랑을 받아왔으나 최근 들어 더욱 주목받고 있다. 이는 정보통신망의 발달로 개인 간의 직접적인 접촉은 점차 줄어드는 대신에, 감정적 지지와 위안을 온라인 공간에서 찾으려는 경향에서 비롯된다. 나아가 자신이 발견한 콘텐츠를 소셜미디어 등을 통해 공유하려는 문화가 보편화된 것도 그 원인이 된다. 특히 이 작품은 존재를 있는 그대로 긍정하고, 존재 자체를 응원한다는 점에서 동기부여의 글을 즐겨 찾는 오늘날의 소셜미디어의 소비 경향에 잘 맞아 떨어진다. 일상에서 쉽게 접할 수 있는 대상을 평이한 언어로 서술해, 문해력에 관계없이 누구나 공감할 수 있는 점 또한 이 시가 지속적으로 사랑받는 이유이다.

제1연은 "언덕 꼭대기의 소나무"와 "골짜기의 나지막한 덤불"을 비교한다. 소나무처럼 눈에 띄는 상징적 존재뿐 아니라, 덤불처럼 눈에 잘 띄지 않는 존재도 그 자체로서의 가치가 있음을 강조한다. "가장 작은 최고의 덤불"이라는 표현은 크기와 관계없이 자기 자리에서 만족한 삶을 사는 것이 '최고'라는 메시지를 전한다.

제2연은 아무리 작고 낮은 존재라도 타인이나 공동체에 긍정적 영향을 줄 수 있다면 존재의 의미가 충분하다고 말한다. 제1연과 제2연에서 반복되는 명령문은 있는 그대로 '존재하라'는 응원을 담고 있어, 명령문임에도 강압적으로 느껴지지 않는다. 오히려 개인에게 주어진 사회적 역할을 긍정하라는 의미를 담고 있어 위안이 된다.

제3연은 비록 사회에서 주목받지 못하더라도 각자에게 주어진 자리와 소명이 있음을 강조한다. 특히 "우리가 모두 선장이 될 수는 없어요, 선원도 있어야죠"라는 구절은 공동체 내에서의 역할 분담과 위계를 현실적으로 인정하면서도, 누구든 공동체 유지에 필수적 역할을 하고 있다는 자긍심을 심어준다.

마지막 제4연은 개인의 성공과 실패가 지위, 재산, 명성 등의 외적 기준에 의해 결정되는 것이 아니라, 자기만족과 자기성취감에 의해 결정된다는 점을 강조한다. "태양이 될 수 없다면 별이 되세요"라는 표현은 비록 주목받는 센터가 되지 못하더라도 자신이 머문 자리를 밝히는 존재가 될 수 있음을 시적으로 표현한 것이다.

말로크가 이 시를 발표할 당시, 미국은 경제적 호황 속에서 부(富)를 인생의 궁극적 목표로 여기는 황금만능주의와 '아메리칸 드림'의 열풍에 휩싸인다. 많은 사람들이 물질적 성공을 행복의 척도로 믿으며 그 꿈을 좇는다. 그러한 때에 말로크는 남들이 수목하는 길을 걷지 않아도, 사회적으로 크게 성공하지 않아도, 자신의 삶에 최선을 다하고 공동체에 기여하는 삶이라면 그것이 진정한 성공이라는 메시지를 전한다. 언뜻 '뻔한 말'처럼 들리는 이 격려가 세속적 성공에서 소외되고 뒤쳐졌다고 느끼는 많은 이들에게 위로와 용기를 준다. 그로부터 100년이 지난 오늘날에도 같은 공감을 불러 일으키며 여전히 생명력을 이어간다.

Endnotes

1 예이츠, 윌리엄 버틀러(William Butler Yeats). 이철 역. 『윌리엄 버틀러 예이츠의 자서전: 『유년기와 청소년기에 대한 회상』과 『휘장의 떨림』』. 한국문화사, 2018. 60.

2 예이츠, 윌리엄 버틀러(William Butler Yeats). 이철 역. 『윌리엄 버틀러 예이츠의 자서전: 『유년기와 청소년기에 대한 회상』과 『휘장의 떨림』』. 한국문화사, 2018. 468.

3 Rousseau, George. "Introduction." *Children and Sexuality from the Greeks to the Great War*. Ed. George Rousseau. Palgrave Macmillan, 2007. 1-38. 5.

4 김승옥. 『서양 문학의 흐름: 서양 문학 사상사 시론』. 고려대학교 출판부, 2000. 210-11. 참조.

5 정종화. 「해설/시로 쓴 일기」. 『피아노』. 민음사, 2003. 192-93. 참조.

6 송기호. 「여성과 시인 : 엘리자베스 배렛 브라우닝과 19세기 여성시」. 『영어영문학연구』 33:3 (2007): 55-70. 68.

7 송기호. 「여성과 시인 : 엘리자베스 배렛 브라우닝과 19세기 여성시」. 『영어영문학연구』 33:3 (2007): 55-70. 57.

8 서수경. 『영문학 스캔들』. 인서트, 2015. 32.

9 이호근. 『영국 문학사』. 신구문화사, 1964. 402.

10 김성중. 「인간 문제에 대한 두 가지 시각: 베일리와 인치볼드」. 『18세기 영문학』 11:1 (2014): 45-72. 45.

11 윤희억. 『영국 문학의 이해』. 지문당, 2009. 128. 재인용.

12 아아리스토텔레스. 김한식 역. 『시학』. 펭귄클래식코리아, 2013. 236-37.

13 Greenblatt, Stephen. *The Norton Anthology English Literature*. Ed. Stephen Greenblatt. 2 vols, W. W. Norton & Company, 2006. 1506 in Vol 2. 재인용.

14 Dowling, Linda, *Hellenism & Homosexuality in Victorian Oxford*. Cornell University Press, 1996. 100-02. 페이터와 하딘지에 관한 모든 사실 참조.

15 Symonds, John Addington. *The Memoirs of John Addington Symonds: The Secret Homosexual Life of a Leading Nineteenth-Century Man of Letters*. Ed. Phyllis Grosskurth. University of Chicago Press, 1984. 75.

16 Symonds, John Addington. *The Memoirs of John Addington Symonds: The Secret Homosexual Life of a Leading Nineteenth-Century Man of Letters*. Ed. Phyllis Grosskurth. University of Chicago Press, 1984. 103.

17 Symonds, John Addington. *The Memoirs of John Addington Symonds: The Secret Homosexual Life of a Leading Nineteenth-Century Man of Letters*. Ed. Phyllis Grosskurth. University of Chicago Press, 1984. 106.

18 Symonds, John Addington. *The Memoirs of John Addington Symonds: The Secret*

Homosexual Life of a Leading Nineteenth-Century Man of Letters. Ed. Phyllis Grosskurth. University of Chicago Press, 1984. 193.

19 김상환. 『근대적 세계관의 형성』. 에피파니, 2018. 61

20 정식헌. 『신고전주의 영시론』. 신아사, 2005. 381.

21 "Christopher Smart." *Hymnary.org*. https://hymnary.org/person/Smart_Christopher. Accessed 24 Mar. 2020.

22 Abbott, Charles David. "Christopher Smart's Madness." *PMLA* 45.4 (1930): 1014-22. 1021.

23 Tennant, R. C. "Christopher Smart and The Whole Duty of Man." *Eighteenth-Century Studies* 13.1 (1979): 63-78. 63.

24 Jensen, Gerard E. "Concerning Christopher Smart." *Modern Language Notes* 30:4 (1915): 99-101. 99.

25 "Jubliate Agno." http://www.pseudopodium.org/repress/jubilate/agno-a.html. Accessed 24 Mar. 2023.

26 Reece, Spencer. "Countless: Father Gerard Manley Hopkins." *American Poetry* 35.5 (2009): 3-5. 5.

27 Meyers, Jeffrey. "Tormented Housman." *Style* 50.1 (2016): 19-36. 22.

28 Cho, Nancy Jiwon. "Extending Moral and Religious Verse for Children from Puritan Adults' Warnings to Romantic Children's Insights: Ann and Jane Taylor's Pedagogic Achievements in *Hymns for Infant Minds* (1810)." *Feminist Studies in English Literature* 23.1 (2015): 5-42. 7.

29 Taylor, Jane. *The Writings of Jane Taylor*. In Vol. 1. 5 vols. Perkin & Marvin, 1832. http://digital.library.upenn.edu/women/taylor/memoirs/memoirs.html#XVI. Accessed 30 Mar. 2023.

30 여홍상. 『근대영문학의 흐름』. 고려대학교 출판부, 2003. 155.

31 "The Little Black Boy." *Wikipedia, The Free Encyclopedia*. Wikimedia Foundation. https://en.wikipedia.org/wiki/The_Little_Black_Boy. Accessed 15 Aug. 2025.

32 Hibberd, Dominic. *Wilfred Owen: A New Biography*. Phoenix, 2002. 439. 재인용.

33 Donne, John. *The Norton Anthology English Literature*. 2 vols. Ed. Stephen Greenblatt. W. W. Norton & Company, 2006. 1260-1308. 1305 in Vol. 1.

34 Cohen, Edward H. "Two Anticipations of Henley's "Invictus"." *Huntington Library Quarterly* 37.2 (1974): 191-96. 192.

35 Greenblatt, Stephen. *The Norton Anthology English Literature*. Ed. Stephen Greenblatt. 2 vols. W. W. Norton & Company, 2006. 1641 in Vol 2. 재인용.

36 "Douglas Malloch: "The Poet Who Makes Living a Joy." *IOWA*. https://digital.lib.uiowa.edu/solr-search/content/grid?f%5B0%5D=member_of%3A43776. Accessed 24 Jun. 2023. 말로크에 관한 모든 인용 참조.

김연규

국립강릉원주대학교 인문학연구소 특별연구원으로서 교양기초교육본부에서 강의하고 있으며, 한국연구재단의 지원을 받는 연구교수(Type A)로 연구 중이다.
국립강릉원주대학교에서 영문학 박사학위를 받았으며, 19세기 영국 시문학, 특히 종교시를 주로 연구해 뉴먼(John Henry Newman)과 홉킨스(Gerard Manley Hopkins) 등에 관한 논문과 저서를 다수 발표하였다. 현재는 키츠(John Keats)의 장편 서사시 구조를 주제로 5년간의 연구과제를 수행하고 있다.

김향일

삼육대학교 창의융합자유전공학부 교수이다. 영국 리즈대학교(University of Leeds)에서 TESOL 석사학위를, 한국외국어대학교에서 TESOL 박사학위를 받았다.
제2언어 학습, 학습자 동기와 개인차, 그리고 정의적 요인 간의 관계에 꾸준한 관심을 두고 연구하며, 영어교육과 문학적 사유의 경계를 넘나드는 탐구를 이어오고 있다.

손끝으로 읽는 영시

초판 1쇄 발행 _ 2025년 12월 30일

저　　자 · 김 연 규 · 김 향 일
발 행 인 · 정 현 걸
발　　행 · 신 아 사
인　　쇄 · 부건애드
출판등록 · 1956년 1월 5일 (제9-52호)
주　　소 · 서울시 은평구 통일로 59길 4(2F)
전　　화 · 02)382-0411 · 팩스 02)382-6401
홈페이지 · www.shinasa.co.kr
E-MAIL · shinasa@daum.net

ISBN 979-11-7342-112-9 (93840)
저자와의 협의로 인지를 생략합니다.

정가 18,000원